LE TRÉSOR DE ROMMEL

DU MÊME AUTEUR

VERTICALE HAMBOURG, Grasset, 1981.

ALERTE ROUGE EN MÉDITERRANÉE, Grasset, 1982. Grand Prix international de la Mer, 1982. Prix de l'Aéro-Club de France, 1982.

JEAN-FRANÇOIS SERS

LE TRÉSOR DE ROMMEL

BERNARD GRASSET
PARIS

PROLOGUE

16 septembre 1943. Le canon gronde sur les hauteurs qui dominent Bastia. De longues rafales de mitrailleuses roulent dans les ravins. L'ultime poche de résistance allemande en Corse est sur le point de tomber.

Du côté de la mer, les chasseurs-bombardiers alliés rasent les vagues, mitraillant tout ce qui flotte tandis que des silhouettes de destroyers se dessinent sur l'horizon brumeux.

Dans le port, défendu par une batterie de 88 installée sur le môle, c'est le classique spectacle des déroutes : caisses éventrées, matériel abandonné, soldats hagards cherchant à embarquer sur n'importe quoi pour fuir.

Seul un petit groupe d'hommes semble échapper à la panique générale. Ils sont arrivés quelques minutes plus tôt à bord de deux camions italiens Lancia Esaro. Les deux véhicules se sont arrêtés devant l'église Sainte-Catherine, le long du quai. Une dizaine de SS casqués, jugulaire au menton, en ont débarqué, le regard dur, l'arme braquée, et ont pris position en défense tandis que l'officier qui les commande se dirige, pistolet au poing, vers un musoir où est amarrée une barge automotrice gardée elle aussi par un groupe de SS. Il s'approche du chef de groupe, échange avec lui quelques mots qui se perdent dans le tonnerre de la bataille toute proche, puis se retourne et fait un signe en direction des camions.

Les chauffeurs embraient et, toujours escortés par les SS, roulent sur le musoir, puis, l'un après l'autre, embarquent sur la barge.

Quelques ordres rapides, et les amarres déjà dédoublées sont embarquées. La barge s'éloigne du quai dans un bouillonnement d'eau sale.

Sur cette barge, le « trésor de Rommel » commence son dernier voyage.

Celui qui va le faire entrer dans la légende...

Première partie

UN SS PEU ORDINAIRE

1

3 juin 1948. La guerre a pris fin trois ans plus tôt. A Trèves, en secteur français d'occupation, la routine a déjà repris ses droits. On déblaie, on rebâtit, et l'inspecteur Jean-Paul Scherer, officier de police judiciaire au commissariat central, situé dans l'ancien Rathaus, compte les jours qui le séparent de sa prochaine permission.

De l'autre côté de la fenêtre de son bureau, dont les carreaux ont enfin été remplacés, il regarde un tramway jaune qui ferraille sur la place centrale, entre quelques tas de pierres soigneusement alignés, avant de s'arrêter.

Un seul passager en descend. Machinalement, l'inspecteur Scherer note qu'il est grand, mince, avec un visage long et qu'il porte une canadienne. « Ancien militaire, songe-t-il. Tout à fait une gueule de SS... » C'est sa manie, à l'inspecteur Scherer, il voit des SS partout. Il est vrai qu'en bon Alsacien il ne les porte pas dans son cœur. On sait ce qu'ils ont fait au Struthof. Et ailleurs aussi. Mais, pour une fois, il ne se trompe pas. L'homme qui, maintenant, traverse la Central Platz, ex-Adolf Hitler Platz, et pénètre dans le commissariat, est bien un ancien SS. Trois minutes après, en effet, il est devant lui, conduit par le brigadier Peuchemaure :

– Voilà un particulier, inspecteur, qui vient comme ça

chercher un visa. Paraît qu'il veut passer ses vacances en Corse...

– Tiens donc ! Les Chleuhs font du tourisme maintenant?

– Il dit qu'il n'est pas allemand mais tchèque.

Scherer hausse les épaules :

– Je vais voir ça... c'est bon, Peuchemaure.

L'inspecteur Scherer n'a pas été nommé par hasard au commissariat de Trèves. Il est là parce qu'il possède parfaitement la langue allemande, outre le français et, bien sûr, l'alsacien. Aussi, dès les premiers mots que prononce l'homme – nom, prénom, date et lieu de naissance –, dresse-t-il l'oreille. Encore quelques mots, et il frappe violemment du poing sur la table :

– Tu te fous de ma gueule!

L'homme reste figé.

– Tchécoslovaque mon cul! Tu ne parles même pas allemand, mais le patois de Souabe. Ne me raconte pas d'histoires!... Tu te planques. Et si tu te planques, c'est que tu as une bonne raison. Enlève ta chemise!

Scherer a prononcé ces mots en patois souabe, assez proche de l'alsacien, et avec le ton cassant que donne l'autorité absolue d'un OPJ en pays vaincu.

L'homme est devenu blanc comme un linge.

– Obéis!

Docile, l'homme retire sa canadienne, qu'il pose en travers d'une chaise, puis sa chemise, qu'il garde dans sa main droite.

– Lève le bras gauche!

L'homme s'exécute, d'un geste lent. Un mince sourire apparaît sur le visage de Scherer :

– Maintenant, mon salaud, tu as intérêt à tout me dire, autrement ça va chier pour ton matricule!

Sous le bras gauche, en effet, l'homme porte, parfaitement visible, le rituel tatouage des SS. Son groupe sanguin...

Un SS peu ordinaire

L'homme est assis sur la chaise. Il a remis sa chemise. Il parle lentement. En cherchant ses mots. En face de lui, derrière son bureau, l'inspecteur Scherer frappe méthodiquement sur sa vieille « Hermès » le plus étonnant témoignage de sa carrière :

L'an 1948 et le 3 juin, nous, Scherer Jean-Paul, inspecteur de la Sûreté, officier de police judiciaire à Trèves, recevons la déclaration du nommé Fleig Peter qui se présente volontairement pour nous communiquer des renseignements d'une grande importance sur des faits auxquels il a été étroitement mêlé en qualité de scaphandrier pendant l'occupation allemande en Italie.

Spontanément il nous déclare sous la foi du serment ce qui suit :

SUR SON IDENTITÉ :

Je me nomme Fleig Peter, né le 10 février 1919 à Omburg (Tchécoslovaquie), de Albert et de Marie Kirner. J'exerce depuis 1933 la profession de scaphandrier. Je suis de nationalité tchécoslovaque.

En 1933, je suis entré à La Spezia (Italie) à l'école Forzio qui préparait pour la spécialité de scaphandrier de grande profondeur. A la fin du cours, c'est-à-dire le 1er janvier 1934, j'ai été affecté au bateau de recherches sous-marines Guodos *avec lequel j'ai exploré toutes les mers du globe, notamment en Italie, Afrique, Japon, Amérique, Hawaï, etc.*

En 1939, j'ai participé aux opérations de renflouement d'un bateau coulé dans la passe du port de Marseille.

De 1939 à 1942, j'ai travaillé à mon compte comme scaphandrier dans le port de La Spezia jusqu'au jour où les services de police allemands m'ont arrêté sous l'inculpation de réfractaire de la Wehrmacht. Étant citoyen tchécoslovaque, j'ignorais que du fait de l'occupation de mon pays, j'étais astreint au service dans l'armée allemande. Je suis libéré en raison de ma spécialité et affecté à nouveau en qualité de spécialiste allemand au port de La Spezia.

SUR LES FAITS :

En septembre 1943, commence la partie intéressante des déclarations.

Un jour, plusieurs officiers de la Sturmbrigade Himmler sont venus me prendre à l'arsenal et m'ont déclaré que j'étais désigné pour accomplir une mission confidentielle en Corse. Ces officiers étaient le Haupsturmführer Dahl, un Sturmbannführer et deux inconnus qui pouvaient faire partie du S.D... Ils m'ont fait signer une déclaration dans laquelle je m'engageais à conserver le secret absolu sur l'opération. Dès lors, nous avons pris la mer à bord d'une vedette et avons atteint le port de Bastia en Corse.

Ceci se passait fin août à Bastia. Pendant deux ou trois jours, mes compagnons se sont occupés de préliminaires intéressant notre opération. Dans un couvent situé à côté d'un cimetière et occupé par des moines habillés de la robe de bure brune, mes compagnons ont pris possession de deux coffres qui ont été amenés à l'arsenal de Bastia à dos de mulets. Je dois signaler que j'ai remarqué la présence d'un civil apparemment employé dans ce couvent et qui semblait être au courant de l'affaire. Dans l'arsenal, entouré de toutes précautions utiles pour conserver le secret de l'opération, j'ai été chargé de transvaser le contenu de ces coffres ainsi qu'un autre lot d'objets précieux déjà entreposé à l'arsenal dans six grandes caisses en fer. Au cours de cette opération, je me suis rendu compte que nous étions en présence d'objets précieux, de monnaies anciennes et de bijoux représentant une valeur inestimable.

Pendant mon séjour à Bastia, dans l'arsenal, j'ai été occupé avec mes compagnons à enfermer les objets dans six caisses en fer, à les rendre étanches pour les garantir contre l'infiltration de l'eau de mer. L'estimation faite en ce moment-là par mes compagnons, qui étaient des profanes en la matière, donnait une valeur approximative de cinq millions de Reichsmarks au contenu de quatre caisses. Les deux autres caisses dont je ne connais pas le contenu doivent contenir des monnaies en or et argent. Au cours du transvasement de ces objets, j'ai remarqué la présence de cinq croix épiscopales garnies de pierres précieuses, des collections de monnaies anciennes en or et en argent, des couverts et des coupes ciselées en argent. Une caisse notamment contient un lot de tableaux sans encadrements que nous avons roulés pour en permettre l'emballage.

Au bout de huit jours de présence à Bastia, nous avons chargé nos six caisses à bord d'une vedette à moteur qui avait été préalablement munie d'une grue. Nous nous sommes dirigés vers le large, et à un point situé à deux kilomètres du goulet du port de Bastia nous avons mis le cap vers le sud pendant sept kilomètres. De ce point-là, nous avons refait deux kilomètres en direction de la terre ferme. Ceci se passait en plein jour. J'ai revêtu mon appareil de scaphandrier, et je suis descendu au fond de la mer, en reconnaissance. Ayant rendu compte à mes compagnons que l'endroit était propice pour immerger notre chargement, nous avons attendu la tombée de la nuit pour effectuer l'opération finale. C'est alors que, dans l'obscurité, nous avons descendu les six caisses au fond de la mer par cinquante mètres de fond. J'estime ce chargement à quatre mille kilos environ. Pour nous, l'opération était terminée. Après avoir rejoint Bastia, nous sommes retournés avec notre vedette à La Spezia en contournant toute l'île de Corse, ce qui m'a confirmé que la mission que nous venions d'accomplir n'avait aucun caractère officiel.

Mes suppositions devaient se confirmer huit jours plus tard. En effet, la Corse étant abandonnée par nous, et par conséquent la récupération des six caisses étant devenue impossible, mes compagnons et moi sommes passés le 18 septembre 1943 devant un conseil de guerre siégeant à La Spezia et présidé par un certain Oberführer Cesler, qui commandait précédemment les opérations en Corse. Ce tribunal a condamné mes quatre compagnons à mort sous l'inculpation d'avoir détourné du butin de guerre de sa destination normale. Comme j'avais agi sous l'ordre d'une autorité supérieure, que je considérais comme régulièrement habilitée, la condamnation pour moi consistait à être incorporé dans une unité de Waffen SS et je fus envoyé au front de l'Est, c'est-à-dire en Russie.

Je viens d'être libéré d'un camp d'internés civils situé en Tchécoslovaquie, à Bemeschau, où j'ai passé deux années et demie d'internement. Je suis actuellement le seul témoin en vue au courant de cette affaire, et je m'engage à participer personnellement au renflouement au large de Bastia. Je n'ai qu'un désir, c'est de prouver ma bonne foi et de servir en France dans ma spécialité. Je me charge, une fois rendu sur place, de ramener ce trésor dans un délai de huit jours. J'espère par ces déclarations aider le gouvernement français à récupérer une partie des biens qui ont été pillés par les Allemands, et qu'en signe de reconnaissance, les autorités françaises profitent de mes capacités exceptionnelles en me permettant d'exercer mon métier de scaphandrier de grands fonds au service de la France comme travailleur libre.

Lecture et traduction faites, persiste et signe.

L'intéressé — *L'inspecteur*

Signé : Fleig Peter — *Signé : Scherer*

P.S. : L'intéressé s'engage à renflouer personnellement les caisses en collaboration avec les services français compétents, et garantit la réussite de l'opération. Il espère, par le service qu'il rendra à notre pays, se voir confier un poste de scaphandrier dans l'une des entreprises spécialisées en France pour les travaux en grande profondeur.

Fleig s'engage à rester à notre disposition à Trèves. Il est important qu'une décision rapide intervienne à son sujet, car une attente trop longue risque de décourager l'intéressé, et d'entraîner des dépenses supplémentaires à notre service.

Le commissaire de Sûreté.

La déclaration part le soir même pour la rue des Saussaies, à Paris, au siège de la Sûreté, où elle fait sensation. Trois jours plus tard, via la Direction des Domaines, elle est sur le bureau du ministre des Finances, rue de Rivoli à Paris.

2

Moquette rouge, mobilier Louis XV, dorures au plafond et tapisseries de la Savonnerie au mur : la République a toujours su installer ses ministres dans de beaux décors, tout en les mettant dans de beaux draps. Derrière le bureau, un homme pressé et fatigué tout à la fois : il lui faut requinquer la France avec des bouts de ficelle. Rogner ici. Étayer une catastrophe là. Se garder à gauche. Veiller à droite. Ne s'appuyer que d'un doigt sur le centre. Et surtout, trouver, trouver, trouver de l'argent.

Cette fois-ci, en effet, on est sans illusion : l'Allemagne ne paiera pas. Pour envisager de la faire payer, il faut attendre qu'elle ait reconstruit. Et comme on y est allé de bon cœur quand il s'agissait d'aplatir son industrie, c'est pas demain la veille... Les Américains? On tire tant qu'on peut sur la ficelle, en jouant sur le péril communiste, mais on n'est pas les seuls. Et puis ils manquent d'enthousiasme pour de Gaulle. Churchill s'est chargé de leur expliquer...

Bref, le dossier, soigneusement serré dans une chemise de carton à mouchetures vertes, et revêtu d'une belle étiquette calligraphiée « Trésor de Bastia », est sur le bureau du ministre, qui pose une main lasse dessus :

– Qu'est-ce que ça vaut?

Son chef de cabinet – lunettes d'écaille rondes et cheveux gominés – hausse les épaules :

– Ça a l'air de se tenir...

– Seulement l'air ?...

– Un peu plus. L'Allemand est effectivement scaphandrier à Hambourg, la police l'a vérifié, et tout semble indiquer qu'il a vraiment séjourné à Bastia.

– Des chances de retrouver quelque chose ?

– D'après les experts, oui. A condition toutefois que l'Allemand soit là...

– Pourquoi cela, « à condition que... » ?

Le chef de cabinet toussotte :

– Eh bien, il met une condition à sa collaboration...

– Mais encore ?

– Cinquante pour cent de tout ce qui sera retrouvé.

La main du ministre s'abat sèchement sur le dossier, mais c'est d'une voix très calme, détachant chaque syllabe, qu'il énonce le verdict :

– Pas question. Promettez ce qu'il voudra, mais sans engagement écrit. Une fois qu'il sera à Bastia, on le tiendra à l'œil.

– Et que faudra-t-il lui donner ?

– Il est scaphandrier ? Ce que gagne un scaphandrier. Pour les frais, nous pouvons dégager un million. Pas plus.

Un million ! Pour ce prix-là, en 1948, on peut acheter un grand appartement avenue Foch. On peut faire la fête pendant plusieurs mois.

La fête ! C'est bien ce à quoi pense Peter Fleig dans le train qui le conduit vers Paris. Magnanime, la République française le fait voyager en deuxième classe. Banquettes rembourrées et moquette. Sur les cloisons des compartiments, des photos de la Promenade des Anglais et de la Croisette. Palmiers, jolies filles et plages... Mais, quand il baisse les yeux, le paysage change : c'est la trogne rubiconde barrée d'une grosse moustache du brigadier Peuchemaure qui lui fait face.

C'est le premier accroc dans le magnifique programme que s'était tracé Fleig en sortant de sa seconde entrevue – très cordiale celle-là – avec l'inspecteur Scherer. Il y avait appris, coup sur coup, que le gouvernement français se lançait dans l'aventure et qu'il acceptait ses conditions. Frais payés, bien sûr.

Frais payés ! Fleig sort de cinq ans de guerre et de trois ans de vache enragée à Hambourg. Et voilà qu'il entre de plain-pied dans un rêve fou. Invité à Paris où il paraît que l'on fait une noce carabinée ! Pigalle, les Champs-Élysées, les Folies-Bergère, ses camarades de la SS n'avaient que ces mots à la bouche dans la boue de Russie ou la pierraille d'Italie. Une permission à Paris, c'était la récompense fabuleuse.

Elle est pour lui ! L'inspecteur Scherer est tout sourire : il a reçu « pour information » copie du dossier « Trésor de Bastia » qui s'est bien gonflé depuis son passage aux Finances. Il s'est enrichi de lettres du ministre plénipotentiaire des Biens et Intérêts privés, du secrétariat d'État au Budget, de la direction des Domaines. Le million a été débloqué. Un billet de chemin de fer et une autorisation de circulation sont là, établis pour le trajet Trèves-Paris, puis Paris-Marseille, et enfin Marseille-Bastia.

Là-bas, tout est prêt. On n'attend plus que « Monsieur Fleig ». Lequel n'est pas pressé. Il s'est au contraire établi un programme tout à fait raisonnable : une petite semaine à Paris – frais payés – suivie de quelques jours à Marseille, et enfin Bastia. Là on verra bien.

Malheureusement, il y a le brigadier Peuchemaure. Officiellement, il profite d'un départ en congé pour accompagner Fleig jusqu'à Marseille. Motif : ce dernier ne parle pas un mot de français et risque donc d'avoir quelques difficultés en cours de route. Cela, c'est la théorie. La pratique est bien différente : le brigadier a pris en effet la direction des opérations, et Fleig est prié de le suivre.

C'est une première désillusion. Il va y en avoir d'autres. Et pas des moindres.

Il est vrai que la désillusion va être partagée car les représentants des autorités françaises à Bastia vont avoir eux aussi quelques surprises...

Amères.

Tout commence pourtant le mieux du monde. La direction des Domaines de Bastia, chargée d'organiser la « récupération » du trésor – la chose est tellement certaine que l'on ne parle même pas de recherche –, a pris ses dispositions pour que l'affaire soit menée rondement. Fleig est installé à l'hôtel des Voyageurs, proche de la gare, où il prendra ses repas. Les Domaines régleront directement sa note... qui risque d'être salée d'ailleurs, car, dès le premier soir, Fleig montre qu'il est d'autant moins décidé à lésiner sur les frais de bar qu'il ne les paie pas.

En Corse, les nouvelles vont vite, et il suffit de vingt-quatre heures pour que toute la ville sache qu'il y a à l'hôtel des Voyageurs un scaphandrier tchécoslovaque chargé de rechercher un trésor. Il n'en faut pas plus pour avoir beaucoup d'amis. Et d'amies...

Sur le plan technique, le sous-directeur des Domaines, que l'affaire passionne, est allé au plus efficace : il a demandé au bureau bastiais de l'entreprise Zagamé d'organiser la partie matérielle de la récupération.

L'entreprise Zagamé, dont le siège est à Alger, est en effet spécialisée dans la récupération d'épaves, le renflouement et le dégagement des ports. C'est elle, par exemple, qui a été chargée, en 1941, de relever les vaisseaux français coulés à Mers el-Kébir par la flotte de l'amiral Somerville. Elle dispose d'une antenne à Bastia car des combats très durs ont eu lieu autour du port, en 1943, quand les Allemands rembarquaient, et les fonds sont parsemés d'épaves qui gênent la navigation et la pêche.

En 1948, sous la direction de l'ingénieur Loebenberg, le déblaiement est pratiquement terminé, et l'équipe technique de l'entreprise Zagamé dispose de quelques loisirs.

René Zagamé est aujourd'hui à la retraite. Il vit à Marseille dans un grand appartement situé au dernier étage d'un immeuble de la rue Paradis, et se souvient parfaitement de cette affaire :

– Pour nous, explique-t-il, il s'agissait d'un travail purement technique : la direction générale des Domaines nous demandait de fournir des moyens de plongée, c'est-à-dire une barge de travail équipée de treuils et d'un compresseur pour scaphandre. A l'époque, les travaux sous-marins se faisaient en scaphandre « pieds-lourds » : bottes plombées, vêtements étanches en caoutchouc et casque en cuivre à hublots. Le scaphandrier était relié à la surface par un tuyau qui lui faisait parvenir l'air sous pression. Sous l'eau, il avait exactement la démarche d'un astronaute sur la Lune. Son rayon d'action était cependant très limité car il dépendait de la longueur du tuyau.

» Pour cette opération, les Domaines ne nous avaient fourni que très peu de détails. En fait, notre rôle était seulement technique et ne représentait, dans le cadre de nos activités, qu'une toute petite affaire, sauf... qu'il s'agissait d'un trésor...

» Un trésor englouti, cela fait bien sûr rêver tout le monde ! En tout cas, tous ceux qui ne connaissent pas grand-chose à la mer et aux travaux sous-marins. Pour les professionnels, les choses se présentent de façon un peu différente : un trésor, si trésor il y a, c'est avant tout un problème technique à résoudre. Ou plutôt une série de problèmes : localisation précise de l'épave, profondeur, état des fonds marins, état de la mer, moyens de relevage et autres. Le plus important étant, bien sûr, la localisation.

» Dans la lettre de commande que j'avais reçue du ministère des Finances, rue de Rivoli, il était précisé que la localisation exacte nous serait donnée par le dénommé Peter Fleig.

J'avais donc transmis cette information capitale à Loebenberg, qui dirigeait notre antenne à Bastia, et l'avais chargé d'organiser les choses sur le plan matériel.

» A lui de jouer.

Rodolphe Loebenberg est aujourd'hui à la retraite. Il vit à Paris et se souvient de toute l'affaire comme si c'était hier. Il est vrai qu'il a quelques raisons de s'en souvenir, mais n'anticipons pas.

Nous sommes au début du mois de septembre 1948. Fleig est à Bastia depuis vingt-quatre heures à peine et, déjà, les choses ne se déroulent pas exactement comme il l'avait prévu.

Première surprise : il n'est pas libre de ses mouvements. Dès sa descente du bateau, il a été abordé par un homme à la mine plutôt sombre qui lui a mis sous le nez une carte barrée de tricolore : le commissaire Bourgeaud, spécialement chargé par le ministère de l'Intérieur de surveiller ses faits et gestes. En clair, « Monsieur Fleig » est rigoureusement prié :

1) de résider exclusivement à l'hôtel des Voyageurs;

2) de ne pas sortir des limites de la ville;

3) de se présenter chaque jour au commissariat de police.

Mais il y a une seconde surprise. Plus amère encore. Fleig la découvre dès la première réunion de travail qui a lieu dans le bureau de l'inspecteur des Domaines de Bastia, chargé par la direction des Domaines de mener l'affaire à bien. Il y a là l'ingénieur en chef des Ponts et Chaussées qui a la haute main sur la partie technique de l'opération et Rodolphe Loebenberg, responsable de l'exécution.

La moitié pour lui, la moitié pour l'État français.

L'inspecteur des Domaines tombe des nues. Ce ne sont absolument pas les instructions – très claires – qu'il a reçues de Paris. Pour lui, Peter Fleig est engagé comme scaphandrier professionnel et sera payé au tarif syndical. Point final. Soit 7 000 francs par semaine, toutes primes de risque comprises. Seule concession : ce sera un salaire net de tous frais puisque son hébergement à l'hôtel des Voyageurs – mille francs par jour, bar compris – est pris en charge par l'État.

Mais ce n'est pas tout. Fleig ne parle pas un mot de français. C'est Rodolphe Loebenberg qui assure la traduction. Rodolphe Loebenberg parle parfaitement allemand. Et la première chose qu'il remarque est que Fleig, qui se prétend tchécoslovaque, parle un allemand fortement mêlé de patois souabe. Curieux, pour un Tchèque... Cela met sa suspicion en éveil.

Et la première séance préparatoire qu'ils vont avoir ensemble ne va pas arranger les choses. Elle a lieu une dizaine de minutes plus tard à la terrasse d'un café du port, devant un pastis. Rodolphe Loebenberg a apporté une carte marine des environs de Bastia.

Fleig raconte de nouveau son histoire. Mais il n'a plus affaire à un inspecteur de la Sûreté en poste en Allemagne, et pas familiarisé avec les choses de la mer... Il a devant lui un ingénieur des travaux marins et sous-marins, qui analyse chacune de ses paroles :

– Il y avait six caisses en fer, d'un poids total de quatre mille kilos environ. Nous les avons chargées sur une vedette qui avait été munie d'une grue. Nous nous sommes dirigés vers le large, et, à deux kilomètres à l'est du goulet du port, nous avons mis le cap au sud pendant sept kilomètres, puis avons obliqué vers la terre pendant deux kilomètres...

A mesure que Fleig parle, Rodolphe Loebenberg suit des yeux le trajet sur la carte sans dire un mot. Il écoute. Il écoute avec beaucoup d'intérêt ce scaphandrier qui se prétend au top-niveau de sa spécialité, et qui énonce des distances à la mer... en kilomètres, alors que n'importe quel moussaillon sortant des jupes de sa mère connaît l'existence des milles marins.

En outre, la route donnée par Fleig conduit tout droit... à la terre ferme ! Il le laisse cependant poursuivre son récit :

– C'était en plein jour. J'ai revêtu mon scaphandre et je suis descendu pour voir comment se présentaient les fonds. Il y avait une grotte qui m'a semblée parfaite. Nous avons attendu le soir, et j'ai immergé les caisses. J'ai eu aussi le temps de planter deux barres de fer dont j'ai recourbé l'extrémité pour y attacher deux bouées flottant entre deux eaux à quelques mètres de la surface pour retrouver plus facilement l'endroit. Le trésor doit se trouver par 50 mètres de fond et les bouées doivent être à 40 mètres environ...

Là encore, Rodolphe Loebenberg regarde la carte. La zone indiquée par Fleig se trouve grosso modo devant l'embouchure du Golo, une rivière d'une trentaine de mètres de large qui descend des montagnes et serpente à travers la plaine avant de se jeter dans la mer à la pointe sud de l'étang de Biguglia.

Or, à cet endroit, les fonds marins sont sableux et plats. Étrange qu'il y ait une grotte! En plus, la pente est très faible et les fonds de 50 mètres sont très loin au large.

– Vous êtes sûr de vos 50 mètres? demande-t-il à Fleig. Vous aviez un profondimètre?

Celui-ci hésite un peu :

– Euh... non.

– Est-ce que vous avez pris des points de repère sur la côte?

Même hésitation.

– Non.

– Quel scaphandre aviez-vous?

– Un scaphandre classique de fabrication italienne.

Loebenberg se tait. Tout cela lui paraît décidément bien étrange. Voilà un homme qui se prétend tchécoslovaque et parle le patois souabe. Qui se prétend scaphandrier de grande profondeur et annonce qu'il a plongé à 50 mètres avec un scaphandre classique. Qui a immergé un trésor avec, bien sûr, l'idée de revenir le chercher, mais sans prendre de repères sur la côte.

Aucun doute : il ment!

Et c'est vrai : Fleig ment. Il ment depuis le début, et ce qui est extraordinaire, c'est que son mensonge est tellement évident que... personne ne l'a vu ! Ni l'inspecteur Jean-Paul Scherer, de la police de Trèves, ni le ministre des Biens et Intérêts privés, ni M. de Lestrade, directeur de cabinet du ministre des Finances, ni le directeur des Domaines, ni aucun de ceux – et ils sont nombreux à travers la chaîne administrative – qui ont eu successivement le dossier en main.

Dans sa déclaration à l'inspecteur Scherer, déclaration qui figure en tête du volumineux dossier qui a fini par atterrir sur le bureau de l'inspecteur des Domaines de Bastia, Peter Fleig a en effet déclaré :

« Je suis né le 10 février 1919... »

Quelques lignes plus loin, il ajoute :

« En 1933, je suis entré à La Spezia (Italie) à l'école Forzio qui préparait pour la spécialité de scaphandrier de grande profondeur. A la fin des cours, c'est-à-dire le 1er janvier 1934, j'ai été affecté au bateau de recherches sous-marines *Guodos...* »

Les enquêteurs n'étaient certes pas obligés de savoir que l'école Forzio de La Spezia était une école de perfectionnement destinée à des professionnels déjà formés, mais ils auraient quand même pu prendre la peine de calculer l'âge auquel Fleig y était entré.

15 ans !

Scaphandrier professionnel à 15 ans, quand on a été élevé dans un pays qui n'a aucune façade maritime, cela peut étonner...

Et ce n'est pas le seul point de sa déclaration qui aurait mérité quelques questions complémentaires. Où se trouvait, par exemple, cet « arsenal de Bastia » dont il fait état et qui ne figure pas dans les registres de la Marine française ? Comment, incorporé dans la SS après son aventure, peut-il se retrouver en 1948 « interné civil » en Tchécoslovaquie? Comment est-il passé en zone française d'occupation? Qu'est-ce que cette histoire de tribunal militaire allemand qui, le 18 septembre 1943, le reconnaît innocent de la charge de détournement de butin de guerre... et le condamne néanmoins a être incorporé dans une unité de la Waffen-SS à titre de sanction? Quel règlement militaire allemand prévoit l'incorporation dans la SS comme une sanction pénale?

Le moins que l'on puisse dire est que tout cela ne tient pas plus debout que les explications « nautiques » de Peter Fleig.

Ces explications que Rodolphe Loebenberg écoute avec circonspection.

Il est vrai que l'on est en 1948. Depuis la fin de la guerre, trois ans plus tôt, on a découvert de telles choses sur l'Allemagne nazie qu'on a tendance à ne plus s'étonner de rien.

Rodolphe Loebenberg décide donc d'organiser les recherches sans se poser plus de questions que les autorités – qui paient ces recherches – ne s'en posent. Il affrète un bateau de travail, le munit d'un compresseur et les plongées commencent devant l'embouchure du Golo.

Fleig a affirmé qu'il lui suffirait de huit jours pour retrouver le trésor. En fait, il va plonger pendant un mois sans aucun résultat.

Chaque jour, pendant ce mois d'octobre 1948, le même scénario se reproduit : Fleig quitte son hôtel à 8 h 30, descend au port où il retrouve Rodolphe Loebenberg et un officier de police chargé de surveiller toutes ses plongées. Ils embarquent sur le bateau de travail – un ancien chalutier d'une quinzaine de mètres –, larguent les amarres et se dirigent vers le sud. En route, Fleig vérifie son matériel pendant que Rodolphe Loebenberg, qui a divisé la zone probable en secteurs, prend ses repères sur la côte. Arrivé au point de plongée, Fleig s'équipe, aidé de deux prisonniers allemands qui ont été « prêtés » à l'entreprise Zagamé pour cette opération. Il le fait en blaguant avec eux car Fleig se révèle être un joyeux drille. Mais dans le genre un peu « simplet ». L'ingénieur, qui écoute tout cela d'une oreille un peu distraite au début, finit par y prêter plus d'attention. Et un doute se glisse peu à peu dans son esprit : Fleig ne serait-il pas légèrement fou ?...

3

Chaque matin, donc, Fleig plonge et l'attente commence sur le bateau qui bouchonne à la houle, dans un bruit de compresseur. En plus du tuyau qui lui expédie l'air sous pression, Fleig est relié au bateau par une corde qui sert à le faire descendre jusqu'au fond – trente-cinq mètres en moyenne dans la zone probable. Un coup sec sur la corde signifie : « Cessez la descente. » Deux coups secs : « Tout va bien. » Trois coups secs : « Remontez-moi. » Et bien sûr (personne ne l'a vraiment précisé mais tous le savent d'instinct) une multitude de coups secs voudrait dire : « J'ai trouvé ! »

C'est cela qu'ils attendent, là-haut, au fil des minutes qui passent, en regardant les bulles d'air qui viennent pétiller à la surface.

Trois minutes. Cinq minutes. Trois coups secs : remontez ! Il faut haler la corde jusqu'à ce que le lourd casque de cuivre crève la surface. Fleig prend alors pied sur l'échelle qui pend en abord, le bateau se déplace d'une vingtaine de mètres et on recommence.

Au fond, la visibilité pratique est de cinq à six mètres. Le sol, formé de sable, est parsemé de larges taches de posidonies, des herbes marines d'une trentaine de centimètres de haut. Mais, en principe, et si ce qu'il a expliqué est vrai, ce n'est pas le sol que Fleig fouille du regard : il cherche ces fameuses bouées, qu'il a ancrées sur des barres de fer. Elles doivent flotter entre deux eaux, à cinq à six mètres, et sont donc visibles d'assez loin. Disons une dizaine de mètres. Plus, même, quand il y a un rayon de soleil.

En outre, avec un tuyau de quarante mètres, il peut se déplacer de quelques pas tout autour du bateau. Ce qui fait qu'en une plongée – durée moyenne dix minutes, descente et remontée comprises – il peut explorer cinq cents mètres carrés. Ce qui n'est pas si mal.

Si le point d'immersion du trésor était repéré de façon assez précise, ce serait l'affaire de quatre ou cinq plongées. Malheureusement, ce n'est pas le cas, et la zone probable représente un carré d'au moins mille mètres de côté... De plus, il n'est pas possible de plonger indéfiniment. A trente mètres, les problèmes de pression commencent à entrer en ligne de compte, augmentés de la fatigue des descentes et remontées. Bref, au bout d'une vingtaine de plongées, il faut songer à rentrer.

Il y a une heure de route pour revenir à Bastia, car le bateau n'est pas très rapide. Le plus souvent, c'est un des prisonniers qui tient la barre. L'officier de police que tout cela commence à ennuyer prodigieusement, fume une cigarette dans la timonerie située tout à l'arrière. Fleig, lui, rince soigneusement son matériel à l'eau douce et le replie pièce par pièce. Loebenberg profite de ces moments de tranquillité pour discuter un peu plus avant avec lui.

Dès le début, il a été intrigué par une très grosse cicatrice que Fleig porte au temporal gauche. Sur une surface large comme la paume de la main, l'os est enfoncé et la peau est comme mâchée.

– Où avez-vous été blessé?

– En Russie.

– Comment?

– Éclat d'obus.

Fleig lui apprend ainsi qu'il est resté un an à l'hôpital, et qu'il a subi plusieurs opérations. Une chance, car cela lui a permis d'échapper à la fin de la guerre, et surtout à la grande offensive soviétique du printemps 1945 où les régiments SS ont été exterminés.

– Oui, j'ai été blessé en fin novembre 1943 et je suis resté à l'hôpital jusqu'en septembre 1944.

– Et vous n'avez pas été ensuite renvoyé au front?

– Non, car je suis passé devant une commission de réforme qui m'a déclaré inapte au service armé. Ils m'ont mis sous le coup de l'article 52 du code.

– Ce qui veut dire?

– Qu'ils me considéraient comme irresponsable de mes actes...

Peter Fleig, tout en finissant d'essuyer la vitre de son casque, se retourne vers lui en ricanant :

– Je les ai eus, hein?...

Rodolphe Loebenberg reste rêveur. C'est donc là la vérité qu'il soupçonnait intuitivement. Un fou! C'est un fou qui a déclenché toute cette affaire, et le gouvernement français a marché comme un seul homme, ministre des Finances en tête!...

Le chalutier vient d'appuyer à bâbord, incurvant son sillage. Il fait maintenant face à la passe du port de Bastia, tanguant lentement sous l'effet de la houle qu'il reçoit par l'arrière. Le bruit du moteur baisse, laissant enfin entendre le bruit de soie déchirée que fait la mer fendue par l'étrave. Les feux d'entrée du port s'allument. Le bateau passe la jetée à petite vitesse. Sur l'avant, un des prisonniers lave soigneusement une haussière. L'eau du port est huileuse. La lumière jaune des cafés s'y irise et s'y hache à l'infini.

Peter Fleig, une sacoche en bandoulière, saute sur le quai.

– A demain...

– A demain...

Il s'éloigne à grands pas. Il a hâte de retrouver le petit bar qui jouxte l'hôtel des Voyageurs.

Et Louisette!...

Louisette... Aujourd'hui, quarante-trois ans plus tard, ce personnage s'auréole des attraits du mystère. Une silhouette au galbe aguichant, des cheveux noirs et bouclés, des lèvres pulpeuses, elle est apparue brusquement un soir dans la vie bastiaise de Peter Fleig et ne l'a plus quitté. Miracle : elle parle allemand. Mal, mais suffisamment pour se faire comprendre. Une belle histoire d'amour? Pas vraiment. Certes, Peter Fleig, à en croire les rares photos de l'époque, n'est pas mal : grand, mince, le visage allongé et souriant, il a de quoi séduire. Comme, en plus, il est tout à fait sûr de lui, il n'est pas étonné de voir cette beauté latine lui tomber dans les bras. Il ne s'inquiète donc pas de savoir qui elle est vraiment, et, surtout, comment il se fait qu'elle parle allemand.

Essayons de nous mettre, pour quelques instants, dans la peau de Fleig à l'époque. Il a vingt-neuf ans. Depuis cinq ans, il poursuit une idée fixe : récupérer un fabuleux trésor. En quelques mois, il a parcouru un chemin étonnant qui l'a conduit, lui, le réprouvé, à traiter avec le gouvernement français. Son séjour à Bastia, il l'avait imaginé comme de grandes vacances. Et voilà que les choses sont un peu plus complexes. D'abord, il y a la désillusion majeure : les Français ne veulent rien partager. Bien sûr, dans sa déposition quelques mois plus tôt à Trèves, il a affirmé qu'il n'agissait que pour se mettre en règle avec sa conscience et qu'il n'attendait comme récompense que de pouvoir servir la France dans sa spécialité : scaphandrier de grande profondeur.

Mais, pour dire la vérité, ces phrases ne sont pas de lui. Elles sont de l'inspecteur Scherer qui a jugé bon de les rajouter pour parachever le tableau.

Fleig n'a pas pu dire non, mais il en a tiré au moins une conclusion : ne pas trop se presser de trouver le trésor.

Autre sujet d'inquiétude : il se sent seul, terriblement seul. On se méfie de lui. Et d'abord l'administration, qui le fait accompagner presque en permanence par un officier de police. Rodolphe Loebenberg aussi qui, bien que parlant allemand – ou peut-être précisément à cause de cela – n'est pas vraiment de ses amis. Il a des attitudes, des mots ou des silences qui ne trompent pas.

Et enfin, dans la vie quotidienne, il est très seul. Il ne parle pas un mot de français et personne, autour de lui, ne parle allemand.

C'est dans ces conditions qu'apparaît Louisette. Il est difficile de croire qu'il ne s'agit que d'un hasard et Fleig, méfiant par nature, aurait pu à bon droit se poser quelques questions. Il n'en fait rien. Mieux, il met Louisette dans la confidence :

– Il n'y a rien d'intéressant devant le Golo, lui dit-il un soir, dans l'abandon du lit. Ce qu'il faudrait, c'est que je puisse aller plonger plus au nord. Là-bas, c'est tout différent... Mais il ne faudrait pas que ça se sache...

A partir de cette phrase, les choses vont aller très vite. Fleig est libre les samedis et dimanches. Et voilà que curieusement, le vendredi soir, alors qu'il rejoint Louisette à l'hôtel des Voyageurs, elle lui présente un de ses amis. Hasard : il possède un « pointu » et peut disposer d'un scaphandre. Un modèle un peu vieillot, certes, mais tout à fait opérationnel. Seul inconvénient : il marche avec un compresseur à bras. Il faut des gens pour pomper. Fleig suggère d' « emprunter » les deux prisonniers allemands, qui commencent à avoir l'habitude de l'assister dans ses plongées.

En 1948 il reste, comme cela, des milliers de « prisonniers » à travers la France. Leur statut est mal défini. Beaucoup travaillent dans des fermes. D'autres, plus ou moins mécaniciens, s'occupent dans des garages. Les services de voirie en emploient une certaine quantité. Ceux qui ne sont pas logés et nourris sur leur lieu de travail vivent dans les casernes désaffectées sous une surveillance presque symbolique.

– Va donc pour les prisonniers, concède « l'ami » de Louisette avec un sourire qui découvre de magnifiques dents en or. On leur donnera la pièce.

Rendez-vous est pris pour le lendemain. On fera d'abord une reconnaissance en voiture car Fleig a besoin de retrouver certains repères pour définir avec précision l'endroit où il faut plonger.

Cette nuit-là, Louisette est plus amoureuse et plus ardente que jamais.

Fleig nage dans la béatitude sans se douter un instant que le piège est en train de se refermer.

Samedi 9 octobre 1948. Il est 9 heures du matin « heure légale », comme on dit encore alors, car plus de la moitié de la France continue à vivre à « l'heure du soleil », qui rythme toujours les travaux des champs.

Une Citroën traction avant un peu poussiéreuse cahote sur les « nids de poule » de la route qui, à la sortie nord de Bastia, serpente le long de la côte vers le cap Corse.

L'arrière-saison, comme souvent en Corse, est magnifique. Sur la droite, la mer est lisse comme un miroir et un soleil jaune d'or s'en détache peu à peu. A gauche, les montagnes vertes escaladent l'horizon. Des filets de brume traînent au fond des ravins envahis par le maquis.

Au volant, l'ami de Louisette roule doucement. D'abord, parce que la route étroite et sinueuse a été le théâtre de violents combats en 1943 et n'est pas encore totalement réparée. Mais aussi pour que Peter Fleig, assis à ses côtés, puisse regarder le paysage à son aise et retrouver les repères qu'il affirme connaître. Louisette a pris place à l'arrière, mais, assise sur la pointe de la banquette de tissu beige et le buste penché vers l'avant, elle entoure de ses bras les épaules de Fleig.

A côté d'elle, un panier avec des provisions. On piqueniquera au bord de l'eau. Bref, une véritable partie de plaisir. Il fait beau, Louisette est amoureuse, et l'ami sourit de toutes ses dents en or. L'or! Il y en a quatre tonnes sous l'eau bleue, là-bas, quelque part sur la droite. Et les reflets du soleil sur la mer semblent allumés par ce fabuleux trésor à portée de la main.

Pietrabugno... Quelques maisons, beaucoup de virages. De nouveau la mer, les rochers et la montagne. La route serpente sans fin. Notre-Dame-de-Lavasine. Une petite crique avec quelques barques de pêche. Des maisons toujours, austères. La mode n'est pas encore aux villas largement ouvertes sur le soleil. Une petite côte. La « seconde » grince et le moteur ronfle un peu plus fort. Un virage. Une descente. De nouveau une plage de gros sable et quelques maisons auprès d'une tour génoise dont la base baigne dans l'eau.

Miomo.

Fleig sursaute légèrement et regarde avec attention la tour génoise. Derrière lui, les yeux de Louisette, qui a senti sa crispation, se font aigus.

La voiture avance toujours en ferraillant, passe devant un petit cimetière. Un peu plus loin, une falaise descend à pic dans la mer. Et la route se poursuit. Ils vont rouler ainsi, à petite vitesse, jusqu'à la marine de Santa-Severa où ils déjeuneront. Bien sûr, tous ces noms, Peter Fleig les ignore. Il n'a pas de carte et il n'y a pas de poteaux indicateurs. En plus, le paysage est partout semblable, ou peu s'en faut. Le soir, au retour, il est perplexe. L'ami de Louisette sourit toujours, mais une certaine nervosité perce dans sa voix :

– Alors, où est-ce exactement?

Louisette traduit. Elle est assise sur la banquette de moleskine du café, tout contre Fleig. Il sent, sous sa légère robe, sa jambe contre la sienne. Il a l'esprit ailleurs.

– Je ne retrouve pas exactement les repères. Ou plutôt, j'en retrouve trop.

L'ami de Louisette – Fleig ne connaîtra jamais son nom – pianote sur le marbre marqué de ronds de verres.

– Un coup pour rien!

Discrètement, Louisette lui fait « chut » des lèvres. Il hoche imperceptiblement la tête et retrouve son sourire :

– D'accord. On verra ça plus tard. Je vais vous laisser, car j'ai à faire. A demain.

Encore une soirée d'amoureux dans un petit caboulot proche du port. Encore une soirée de passion dans la chambre d'hôtel. Fleig repose, allongé sur le dos, dans le lit défait. Louisette s'est levée pour aller ouvrir la fenêtre. Il regarde, dans le halo d'un réverbère, son corps souple qui se détache, tout en courbes ondulantes, sur le bleu profond de la nuit.

Elle revient vers le lit et s'allonge contre lui, lovée comme une chatte, un bras en travers de sa poitrine :

– Que vas-tu faire?

Fleig réfléchit quelques instants.

– Ne le répète à personne, mais je crois avoir trouvé l'endroit... Il faudrait maintenant y aller par la mer pour être sûr.

– Demain?

– Non, pas demain, samedi prochain.

D'un mouvement souple, Louisette bascule sur lui.

– Mon chéri...

Vendredi 15 octobre 1948. Une semaine vient de s'écouler. Décevante. Cinq jours de suite, le chalutier a quitté le port au matin, avec Rodolphe Loebenberg, Fleig, l'officier de police, les deux prisonniers et le patron pêcheur. Les plongées se sont succédé devant le Golo.

Chaque fois, le scénario est le même : moteur au point mort, le bateau court sur son erre, s'immobilise. L'ancre file au fond dans un cliquetis de chaînes. 32 mètres. 35 mètres. 37 mètres. Sur le pont, Fleig s'équipe. Un des prisonniers, Klaus, visse les boulons-papillons de cuivre qui fixent le casque sur l'encolure, de cuivre elle aussi, de la combinaison. Le compresseur ronronne. A la ceinture de Fleig pendent un marteau, un burin et un flotteur gréé de cinquante mètres de fil. Il doit servir à baliser le trésor.

Le trésor ! Plus personne n'y croit à bord. Et l'ingénieur Loebenberg moins que tout autre. Il a téléphoné à son patron, René Zagamé, à Alger, pour lui faire part de ses doutes. Il n'en a encore rien dit à l'ingénieur des Ponts et Chaussées qui est chargé de superviser le travail pour le compte des Domaines, mais il est décidé à le faire.

L'officier de police, lui, pense un peu différemment. Il soupçonne le jeu de Fleig, qui consiste à perdre du temps en comptant sur un découragement général. Il est bien décidé, lui, à attendre que la situation évolue et que les choses sérieuses commencent. Il interviendra à ce moment-là, et pas avant. Mais pas vraiment pour le compte des autorités. Il a beaucoup d'amis, en ville, que cette histoire intéresse au plus haut point...

Le patron pêcheur, lui, est payé. C'est tout ce qui importe. Accessoirement, il a soigneusement noté la zone de recherche. Ça peut toujours servir.

Les seuls vraiment heureux sont les deux prisonniers allemands qui en sont à leur troisième semaine de croisière et vivent comme des riches, avec de solides casse-croûte et du vin rouge à volonté. Et ce n'est pas fini puisque Fleig leur a discrètement expliqué qu'il avait besoin d'eux pendant le week-end « pour aller chercher ailleurs ». Ils ont tout de suite compris que l'ancien SS était en train de jouer un tour aux Français, et cela ne leur déplaît pas. D'autant qu'il y aura des miettes à gratter. Des miettes jaunes, brillantes, qui valent beaucoup d'argent dans tous les pays du monde.

Il est 17 h 30. Une fois de plus, le chalutier rentre au port. Sur le quai, une dizaine de personnes, mains dans les poches, assistent à la manœuvre. Il y a là un des pilotes du port, petit, trapu, les cheveux grisonnants sur les tempes, qui regarde fixement l'officier de police debout à l'avant du bateau. Leur regards se croisent. Le pilote tourne discrètement la main, paume en l'air, en signe d'interrogation.

L'officier de police fait légèrement « non » de la tête. Le pilote fait demi-tour et s'éloigne.

Au même moment, dans un bureau proche de l'Hôtel de ville, l'inspecteur des Domaines finit de ranger ses dossiers. La journée est terminée. Et la semaine aussi. On verra la suite lundi prochain.

Un coup léger à la porte.

– Entrez !

C'est le garçon de bureau qui apporte une lettre arrivée par le train d'Ajaccio. Elle vient de la direction des Domaines. L'inspecteur hésite une seconde, puis, avec un haussement d'épaules, l'ouvre. Il s'agit, plus de quinze jours après le début des recherches, de la notification officielle de la décision administrative :

Le Directeur des Domaines à Monsieur l'Inspecteur des Domaines – Bastia.

Je vous adresse ci-joint, pour information, une copie d'une note adressée par la Direction Générale à Monsieur le secrétaire d'État au Budget, en date du 24 septembre dernier, suivie d'une lettre de Monsieur le secrétaire d'État au Budget, à Monsieur le directeur de l'Office des Biens et Intérêts Privés, en date du 28 septembre faisant connaître que le service des Domaines a consenti, à titre exceptionnel, à faire l'avance des frais nécessités par le financement des travaux visés en marge, jusqu'à concurrence de 1 000 000 frs, étant précisé que la direction et l'exécution de ces travaux incomberont exclusivement aux services techniques intéressés (Ponts et Chaussées Marine).

« Ainsi que je le signale le même jour à M. l'ingénieur en chef des Ponts et Chaussées, les frais de recherche et de renflouement dont il s'agit ne pourront être payés que sur production de mémoires réguliers indiquant le détail des travaux effectués et approuvés par ses soins.

« Les mémoires payés par vos soins seront conservés à

titre de valeur de caisse jusqu'à la fin de chaque mois, date à laquelle vous me les adresserez accompagnés d'un état récapitulatif en double exemplaire. Un exemplaire vous sera retourné revêtu de mon visa, pour vous servir de pièce justificative jusqu'à réception d'un ordre de paiement régularisation que vous porterez en dépense et produirez à l'appui de vos versements de fonds. Bien entendu, vous aurez à veiller attentivement à ce que le crédit susvisé de 1 000 000 frs ne soit pas dépassé.

« Quant aux avances qui auraient pu être consenties par d'autres services relativement à cette affaire, il conviendra de vous abstenir de procéder à leur remboursement tant que de nouvelles instructions ne vous seront pas adressées.

« Vous vous tiendrez au courant de la marche des travaux et vous m'aviserez immédiatement dès que le repérage aura été effectué, afin que je puisse en informer téléphoniquement la Direction Générale conformément à l'invitation qui m'en a été faite.

« Enfin, je vous signale, contrairement aux dispositions qui avaient été envisagées tout d'abord, qu'il n'y aura pas lieu de demander la mise sous séquestre des biens renfloués, mais que ces biens devront simplement être remis par les services techniques aux Domaines à fin de vente ou de restitution à leurs propriétaires dans les conditions habituelles. »

Le dernier paragraphe fait sourire l'inspecteur des Domaines. A Paris, il n'y a pas de problème : le magot est déjà considéré comme retrouvé.

Ici, à Bastia, les choses sont moins nettes.

4

Samedi 16 octobre 1948. Sur le port, les deux prisonniers allemands finissent de charger le matériel de plongée sur une petite pinasse coincée entre deux chalutiers. Ils ont relevé le col de leur vareuse et enfoncé leur calot jusqu'aux oreilles, car, si le ciel est idéalement dégagé, le soleil, à peine levé, n'a pas encore eu le temps de réchauffer l'atmosphère. Autour d'eux, le quai est presque désert : les rares pêcheurs à sortir sont déjà partis depuis deux bonnes heures et les chantiers de reconstruction – le quartier du port a été très abîmé pendant les combats pour la reconquête de Bastia – ne vont reprendre leur activité que dans une demi-heure.

Un peu plus loin sur le quai, un homme fait les cent pas. L'ami de Louisette. C'est lui qui a tout organisé. Il a trouvé le bateau, emprunté le matériel de plongée et est passé prendre les prisonniers allemands à la citadelle.

Fleig, lui, doit apporter le matériel complémentaire. Peu de choses, à vrai dire : une paire de jumelles pour bien voir les repères sur la côte et un appareil photographique pour les fixer sur la pellicule s'il trouve l'endroit précis du trésor. Il n'est pas question en effet de remonter les caisses à partir de la pinasse. Chacune pèse plusieurs centaines de kilos. Pour les ramener à la surface, il faut un chalutier équipé d'un treuil solide. La manœuvre prévue est donc la suivante : Peter Fleig, dès qu'il a repéré le trésor, remonte sur la pinasse et prend plusieurs photos de la côte dans différentes directions. Grâce à ces photos, on aura les alignements qui, en se recoupant, permettront de revenir sur les lieux avec une précision de l'ordre de quelques mètres.

Ces jumelles et cet appareil photographique appartiennent à l'entreprise Zagamé. En principe, Rodolphe Loebenberg les rapporte chaque soir à l'entrepôt à cause des risques de vol. Dans la pratique, Peter Fleig a pris l'habitude de les glisser dans sa musette et de les rapporter à son hôtel. Cela évite le détour par l'entrepôt.

Il peut donc en disposer les samedis et dimanches.

Sur le quai, l'ami de Louisette, mains dans les poches, tape de la semelle. Fleig est en retard, et cela le rend un peu soucieux. Depuis quelques jours, en effet, il a remarqué que Louisette mettait beaucoup d'ardeur à faire son « travail ». Gestes tendres, regards enamourés, petites privautés, rien ne manque au tableau de la femme qui se donne corps et âme au bel étranger.

Dans le langage professionnel, cela s'appelle un « béguin ». C'est le pire des risques du métier, car cela transforme la meilleure des « gagneuses » en une femelle capable de toutes les trahisons.

Un homme ne doit jamais négliger ce risque. Et surtout pas dans les circonstances actuelles car tout repose sur Louisette. Sur sa beauté, sur son « métier », sur sa loyauté...

Mais non. Les voici qui débouchent, se donnant le bras, sur le quai. Louisette remplit scrupuleusement son contrat. Fleig saute à bord en lui faisant un signe d'adieu du bras. L'ami largue l'amarre et embarque à son tour. Le moteur démarre avec un hoquet et un nuage de fumée bleue. La pinasse, en arrière lente, se dégage du quai. Elle vire sous l'effet de la barre. Un dernier au revoir de Fleig à Louisette, qui frissonne un peu dans sa robe légère, et ils mettent le cap au large dans le « pom-pom » du petit diesel. La barque disparaît enfin derrière la jetée avant de mettre le cap au nord. Assis à l'avant, Fleig regarde le matériel de plongée trouvé par l'ami de Louisette : une combinaison de caoutchouc rouge toute rapiécée de noir et de brun, un casque bosselé et un compresseur à main, avec son double levier.

Le tout semble sorti tout droit d'un roman de Jules Verne.

La pinasse, dont l'ami de Louisette tient la barre, fait laborieusement route vers le nord. Sur bâbord, le cap Corse défile lentement. Jumelles aux yeux, Fleig cherche à retrouver les repères qu'il a pris lors de la reconnaissance en voiture. C'est difficile, car de la mer, la côte présente un tout autre aspect.

Si ! Voici une crique avec une barque échouée au pied d'une haute et étroite maison. Voici un petit cap rocheux qui se dégage à mesure que l'on avance. Là, le maquis descend presque jusqu'à la mer. Le soleil du matin fouille les montagnes jusque dans leurs moindres recoins, écrasant le relief, noyant éperons et ravines dans la même masse verte du maquis.

La pinasse avance toujours, dans le bruit monotone et lancinant de son diesel. Lorsqu'on roule en voiture sur la route du cap Corse, chaque virage masque un paysage que l'on peut imaginer à son gré. Et il n'est jamais décevant car mille détails le rendent différent du précédent : éboulis de cailloux, bouquets de laurier rose au fond d'une entaille desséchée, palmiers retroussés par le vent... Mais de la mer, tout paraît semblable, noyé dans le vert. Il faut que le regard monte jusqu'à la ligne des crêtes, inaccessible et immobile, parsemée de légers nuages, pour trouver enfin un horizon infini.

Peter Fleig, à vrai dire, a des pensées plus terre à terre. Il lutte contre l'engourdissement et le sommeil. La mer berce sa fatigue, et il a peur de s'endormir d'un coup, alors que chaque tour d'hélice le rapproche d'un rêve caressé pendant cinq ans et auquel il a sacrifié beaucoup de choses.

Et s'il est épuisé, ce n'est pas uniquement à cause du tempérament de feu de Louisette. C'est surtout parce que, lorsque, cette nuit, elle a enfin glissé dans le sommeil, dans l'abandon moite de son corps comblé, il s'est relevé et, doucement, doucement, a saisi sa canadienne. Quel que soit le temps, il l'a toujours avec lui sous le bras ou jetée négligemment sur les épaules. Cela n'étonne personne, car, lorsqu'il remonte de ses plongées, il a froid. Mais il y a une autre raison qui fait qu'il ne s'en sépare jamais : elle contient son secret !

C'est un petit bout de papier carré, de quelques centimètres de côté. Un morceau de carte marine. Deux centimètres de côte, avec ses courbes de niveau, et deux centimètres de mer, avec trois lignes de fond : 15 mètres, 25 mètres et 40 mètres. Tout près de la ligne des 40 mètres, un point est marqué au crayon. Trois lignes divergentes en partent vers la terre. Chacune est marquée d'un angle de relèvement. C'est là, au point de jonction des trois relèvements qu'est le trésor. Il le sait. Mais le bout de la côte ne comporte aucun nom, et jamais il n'a pu le situer exactement sur la carte du cap Corse.

Cette nuit encore, pendant que Louisette dormait – car elle ne connaît pas l'existence de cette carte – il a essayé pendant des heures de faire correspondre ce tracé avec un point quelconque de la carte qu'il a « empruntée » à Rodolphe Loebenberg.

Et pourtant il est sûr de son bout de papier, car c'est le major Dahl lui-même qui l'a établi, le 16 septembre 1943...

Ce samedi 16 octobre 1948, Fleig va effectuer trois longues plongées. Pendant près de deux heures, tandis que les prisonniers allemands pompent sans relâche, et que l'ami de Louisette fume cigarette sur cigarette, ne s'interrompant que pour relever pendant quelques minutes un des « pompeurs », il va marcher, ou plutôt danser, courbé en avant, de cette curieuse démarche des scaphandriers « pieds-lourds » qui préfigurait celle des astronautes.

A la surface, la pinasse avance à l'extrême ralenti. Il s'agit de la maintenir en permanence à proximité du friselis des bulles qui éclatent à la surface car Fleig suit la ligne des 30 à 35 mètres et le tuyau, comme presque tous, ne fait que 40 mètres de long.

Deux fois déjà, la corde s'est tendue de coups secs. Trois coups, jamais plus. « Remontez-moi. » Deux fois il a pris pied, ruisselant, sur la marche de bois qui lui sert à se hisser à bord.

Cette fois, il est dans l'eau depuis vingt minutes, foulant de ses semelles de plomb tantôt un sable qui s'élève comme une fumée derrière lui, tantôt des posidonies dans lesquelles il disparaît parfois jusqu'à la taille, tantôt des rochers qu'il faut contourner laborieusement.

Autour de lui, un bleu opaque qui l'enserre de tous côtés à une dizaine de mètres, comme s'il se déplaçait dans un grand cylindre glauque avançant avec lui.

A la pompe, les prisonniers, en chemise et manches retroussées, transpirent. Lui a froid, malgré son chandail de laine et son bonnet. Il a froid alors qu'il transpire aussi, mais d'une sueur glacée. Ses oreilles bourdonnent. Il tremble. Il est temps de remonter.

Dimanche 17 octobre. Tout a recommencé comme la veille. Ils sont partis au matin, et sont allés un peu plus au nord. La veille au soir, Louisette les attendait sur le quai. Elle a pris le bras de Fleig et ils sont partis. Il était comme assommé de fatigue, les oreilles sifflant et un brouillard gluant devant les yeux.

Ils ont pique-niqué dans la chambre d'hôtel. Fleig dormait à moitié en avalant les petits sandwiches préparés par Louisette.

– Tu n'as rien vu, mon chéri?

– Non.

– Tu es sûr que vous étiez au bon endroit?

Fleig hoche la tête :

– Non, pas tout à fait... Demain, nous irons un peu plus au nord...

Il est 11 heures du matin, et ils y sont, un peu plus au nord. C'est toujours le même paysage : une côte échancrée, des montagnes et le maquis. Ils ont laissé derrière eux une tour génoise. La pinasse, moteur au point mort, monte et descend à la houle à un quart de mille du rivage. Du côté du large, un caboteur charbonne, et son panache de fumée salit l'horizon. Fleig, une fois de plus, s'équipe. La combinaison de caoutchouc vieilli est raide et casse en plis durs. Chaussures, ceinture, casque, il est enserré dans une bonne trentaine de kilos qui le rendent balourd. Un des prisonniers l'aide tandis que l'autre pompe sans forcer pour vérifier le circuit et la valve de surpression qui surmonte le casque. Du pouce, Fleig fait signe que pour lui tout est OK, et, dos au large, franchit le pavois et descend dans l'eau.

Du bord, ils suivent pendant quelques mètres son casque qui descend, lâchant un chapelet de bulles, puis l'image se brouille et se hache dans les vaguelettes.

En disparaissant sous la surface, Fleig a levé les yeux : au-dessus de lui, la carène de la pinasse s'éloigne, semblable à quelque baleine paresseuse flottant sur une mer d'argent.

A vingt mètres, il distingue assez bien le fond. Tiens, il y a des rochers qui émergent du sable et des herbes. Encore dix mètres et il prend pied sur le sol granuleux. Un coup sec sur la corde : « Je suis arrivé ». L'eau est plus claire que la veille. Plus bleue aussi. Il commence par faire un lent demi-tour sur lui-même et, aussitôt, se fige : une masse grise fait tache.

Un avion!

L'appareil, un monoplace, repose sur ses ailes, train rentré. Il est verdâtre. Le moteur et l'hélice, détachés de la carlingue, sont à quelques mètres en avant. Le capotage du moteur est bleu, avec un aigle blanc et rouge. L'insigne de l'escadrille. Quatre mitrailleuses aux gueules méchantes émergent du bord d'attaque de chaque aile. Les volets d'intrados sont sortis. La verrière du pilote est en position arrière. Derrière elle, sur le flanc gauche de la carlingue, il y a un trou semblable à un impact d'obus, juste à côté de l'étoile blanche des forces armées américaines. Pour le reste, l'appareil semble intact.

Fleig s'en approche et monte sur l'aile. Le cockpit est complet. Le harnais du pilote est encore fixé au siège. Les cadrans brillent, et le manche, qu'il réussit à saisir en se penchant, joue presque librement, imprimant aux volets des petites secousses, qui font onduler les herbes.

Fleig redescend de l'aile, gauchement, comme au ralenti. Les pensées se brouillent dans sa tête. Dans ce puzzle qu'est l'histoire du trésor, il sait, lui, qu'il y a un chasseur-bombardier allié abattu. Il n'en a parlé à personne...

Son profondimètre indique 33 mètres. Curieusement, il a soudain très chaud, et une bizarre excitation le submerge. Il ne réfléchit pas. Il avance, sans se préoccuper de la direction qu'il suit. Il ne saura jamais combien de temps il a marché ainsi, droit devant lui, s'éloignant de l'avion sans se retourner.

Au milieu des herbes, il y a de larges plages de sable. Il en traverse une dans un éclaboussement de petits nuages dorés qui naissent sous ses semelles et flottent derrière lui. Devant lui, il chasse une dizaine de raies qui décollent lourdement du fond, battant l'eau de leurs ailes triangulaires. Plus loin, un banc de sars croise sa route pour disparaître dans le bleu.

Il avance toujours vers un bloc de rocs qui émergent à une vingtaine de mètres. Et voici que, soudain, alors qu'il n'est plus qu'à quelques mètres des rochers, l'eau se trouble, ou plus exactement se brouille de stries fugaces, d'ondulations saccadées dans lesquelles joue la lumière.

A travers le caoutchouc de son vêtement de plongée, il sent que la température de l'eau a baissé considérablement. C'est une source souterraine. Il avance encore, sort de ce courant qui descend des montagnes, là-bas, et, brutalement se fige.

Une seconde plus tôt, il ne pensait encore qu'à regarder ces bizarres reflets qu'il n'avait jamais vus. Une fantaisie de la nature. Et voilà que la seconde suivante, par une fantaisie du hasard, il est riche à milliards.

Car le trésor est là!

Oui, ce sont bien ces fameuses caisses à munitions bourrées de valeurs qui gisent, dans cette petite clairière de sable, déjà recouverte de mousses microscopiques.

Peter Fleig est comme assommé par sa découverte. Ses jambes flageolent. Il met plusieurs secondes à reprendre son souffle tandis que son cœur cogne lourdement dans sa poitrine. Et soudain, il a peur.

Une peur viscérale, terrible, qui submerge tout.

Avec ces caisses, il comprend brusquement que c'est sa mort qu'il vient de voir. Ce soir, demain, dans huit jours ou dans un mois, il sera lui aussi au fond de l'eau, avec une gueuse de fonte aux pieds. Car il est seul. Il sait très bien qu'autour de lui, il n'a que des ennemis implacables qui guettent chacun de ses gestes. Chacun de ses mots. Qui attendent qu'il trouve pour l'éliminer sans pitié et s'emparer de l'or. Le patron du chalutier, l'officier de police, l'ami de Louisette, tous attendent leur heure. Cela, Fleig le sent. Il le sait. Il y a trop de silences masqués par des sourires autour de lui. Trop de clins d'œil. Trop de tournées dans les bars. Trop de sollicitude. Quand il s'est lancé dans cette aventure, quelques mois plus tôt, à Trèves, il se méfiait des autorités françaises. Il a eu raison puisque, à pied d'œuvre, il n'a pas été question de tenir les promesses qui lui avaient été faites. Aujourd'hui, il sent qu'il faut se méfier de tout le monde. Et surtout des Corses!

Il a maintenant repris ses esprits, mais la peur ne l'a pas quitté. Elle est blottie au fond de lui-même, petite boule sombre et rêche qui sera toujours là, année après année.

Il fait lentement le tour des caisses, se convaincant un peu plus à chaque pas, puis s'immobilise et tire trois coups secs sur la corde.

« Remontez-moi. »

Quand il émerge, le hublot au ras de l'eau, ils sont tous les trois penchés vers lui, avides de savoir.

Posément, il fait « non » de la tête.

Et c'est la sortie. Pesante, sans grâce. Il s'assied lourdement sur le banc et Klaus déboulonne son casque tandis que Jochen, l'autre prisonnier, délace ses semelles de plomb.

Le casque retiré, le premier regard de Fleig est pour la côte. Il s'agit d'identifier tout de suite l'endroit exact, de trouver des points de repère, mais sans donner l'éveil aux autres.

– Alors, toujours rien? lui demande l'ami de Louisette pour la forme.

– Non, soupire Fleig. Il n'y a que du sable et des herbes. On va essayer un peu plus loin, mais pas tout de suite. J'ai faim.

Ils parlent par le truchement de Klaus qui baragouine un peu de français. C'est laborieux. Fleig laisse le soleil le réchauffer pendant que Jochen déballe les sandwiches et débouche une bouteille de vin rouge. L'ami de Louisette a coupé le moteur. La pinasse roule. Tout en mangeant, l'ancien SS s'imprègne de la côte. Il ne peut rien faire de plus, car, prendre des photos, ce serait mettre la puce à l'oreille de l'ami de Louisette.

Très haut, dans la montagne, il y a un groupe de maisons, sur la droite.

– Comment s'appelle ce village?

L'ami de Louisette jette un bref coup d'œil avant de répondre :

– Tomino.

Il n'en est pas très sûr : il est originaire d'Ajaccio et connaît mal le cap Corse. Mais cela, Fleig l'ignore.

Il va faire encore deux plongées dans l'après-midi, pour

donner le change. Des plongées factices : il se contente, comme il l'expliquera des années plus tard, de descendre et de remonter. Exactement comme il le faisait au Golo.

Il est oppressé. Son secret l'écrase. Et puis il y a toujours, viscérale, ancrée au fond de lui, cette peur lancinante, avec l'impression de sentir un piège se refermer inexorablement autour de lui.

Le retour est morose. Demain, il va falloir retourner au Golo avec l'entreprise Zagamé. Faire une fois de plus semblant de chercher. Jusqu'à samedi prochain, quand l'ami de Louisette reviendra le chercher pour retourner là-bas, au nord. Que faire? Comment arrêter ce cercle sans fin? Jusqu'à présent, Fleig a fait un parcours sans faute. Il a réussi, contre toute vraisemblance, à venir en Corse sans lâcher l'essentiel de son secret. Là, il est allé jusqu'à toucher le trésor sans que personne s'en doute.

Mais maintenant?

La solution va venir du côté où il ne l'attendait pas.

5

Lundi 18 octobre. Il est 17 h 30. Une fois de plus, le chalutier affrété par l'entreprise Zagamé rentre au port. Encore une journée pour rien devant l'embouchure du Golo. Les descentes et les remontées se sont succédé dans une ambiance tendue. Entre Rodolphe Loebenberg et Peter Fleig, cela va de mal en pis. L'ingénieur est désormais persuadé que toute cette affaire ne tient pas debout, et il ne se gêne pas pour le dire. Fleig s'accroche à sa version des faits, mais la foi n'y est plus. Mentir envers et contre tout est un art difficile, et l'ancien SS le pratique de moins en moins bien.

Mais Loebenberg n'est pas le seul à se poser des questions. La veille au soir, au retour de l'expédition clandestine le long du cap Corse, Louisette a tout de suite compris, à l'attitude de Fleig, que quelque chose avait changé.

Il était sombre, taciturne, nerveux. A table, il n'a presque rien mangé et, dans la chambre, a repoussé ses avances. Pour la première fois depuis qu'ils se connaissent.

Louisette n'a rien d'une naïve. Les hommes, c'est son métier, et elle le pratique avec brio depuis quelques années. Celui-là cache quelque chose. Une femme? Non. Autre chose. Mais quoi? Elle le saura! Elle a des armes pour cela...

Quand le chalutier accoste, Fleig, à l'arrière, finit de ranger ses affaires dans sa musette. Indicateur de profondeur, boussole étanche, jumelles, appareil photo, tout est en ordre. Il boucle les courroies, passe la bretelle sur son épaule et saute sur le quai. Juste devant Louisette.

Quel choc!

Elle est plus belle, plus attirante, plus provocante que jamais : semelles « monobloc » de dix centimètres de haut qui mettent en valeur ses jambes gainées de nylon – luxe rarissime à l'époque. Une jupe étroite, moulante, surmontée d'un chemisier diaphane que tempère une étole de fourrure jetée sur les épaules. Lèvres carmin qui sourient, paupières bleues, et la masse de sa chevelure noire qui tombe en lourdes boucles.

– Chéri, c'est mon anniversaire, ce soir... Je t'ai préparé une petite surprise...

Elle s'est collée contre lui, chaude et amoureuse. Il sourit et se détend. La fête peut commencer. Elle va être réussie car Louisette a bien fait les choses. Apéritifs multiples, dîner au champagne et aux chandelles, regards humides, sourires enjôleurs, rien ne manque à cette marche triomphale qui aboutit tout naturellement à l'hôtel des Voyageurs.

Et là, quel voyage!

Une horloge lointaine sonne minuit. Ils sont nus et enlacés sur le lit dévasté, le corps moite, le souffle court. Fleig se cale sur l'oreiller, étend le bras et pêche sur la table de nuit, dans le paquet bleu éventré, une « Week-end » qu'il allume d'un coup de pouce sur la molette de son briquet. Il aspire une longue bouffée.

– Tu sais, dit-il dans un nuage de fumée exhalée, il s'est passé quelque chose, hier.

Louisette, la tête au creux de son épaule, ne bouge pas.

– Oui? dit-elle d'une voix endormie.

– Quelque chose de très important, poursuit Fleig.

– Ah bon...

Elle a dit cela sans conviction mais, sous son apparente somnolence, tous ses sens sont aux aguets.

Fleig aspire une autre longue bouffée et enfin le piège se referme sans qu'il en ait conscience :

– J'ai vu le trésor... je ne l'ai dit à personne.

Mardi 19 octobre 1948. 7 heures du matin. Peter Fleig est réveillé brusquement par des coups violents frappés à sa porte.

– Ouvrez !

Il est seul dans la chambre. Louisette a disparu. Il ne reste rien d'elle qu'un parfum léger.

– Ouvrez !

Les coups redoublent.

L'esprit encore embrouillé, Fleig se lève, enfile un pantalon et va ouvrir.

– Police ! Ne bougez pas !

Ils sont quatre qui se précipitent dans la chambre et commencent immédiatement à fouiller partout : armoire, commode, table de nuit. Il n'y a rien d'ailleurs que quelques vêtements qu'ils jettent à mesure sur le lit.

Rien sauf, sur une petite table de bois à droite de la fenêtre, la musette.

L'un d'eux l'ouvre et en extrait d'un air triomphant les jumelles et l'appareil photo.

Fleig ne comprend rien, sauf que ce sont des policiers, et qu'ils lui disent de s'habiller.

Dix minutes plus tard, il est écroué à la prison de Bastia. Il lui faudra attendre le lendemain, lorsqu'il sera présenté au juge d'instruction, pour apprendre, par le biais d'un interprète, qu'il est accusé d'avoir volé ces jumelles et cet appareil photo.

Il va rester deux mois en prison.

Quarante-deux ans ont passé depuis ce jour d'octobre 1948 où Fleig a été écroué à la prison de Bastia. Les stigmates de la guerre ont disparu depuis longtemps. Le quartier du port, durement bombardé, a été reconstruit. L'architecte s'appelait Fernand Pouillon. Il a fait du beau travail. La prison, elle, n'a pas changé d'un iota. L'administration pénitentiaire est parcimonieuse et gère au mieux les deniers de l'État. Il est vrai aussi que la prison est dans l'enceinte de la citadelle et que l'ensemble est classé. Il est difficile de modifier quoi que ce soit. Elle fait en tout cas très vétuste et on a du mal à la prendre vraiment au sérieux, malgré les barbelés étiques qui couronnent ses murs et un mirador qui paraît désaffecté.

Les prisonniers aussi ont du mal à la prendre au sérieux puisque cinq – et pas des moindres, paraît-il – s'en sont échappés la veille. *Corse-matin* l'annonce en gros titre à la « une » sans qu'on sache très bien si c'est pour le déplorer ou s'en réjouir. Il faudrait lire le texte...

Le boulevard Paoli, lui non plus, n'a pas changé. Il est toujours bordé de hautes maisons patriciennes aux volets demi-fermés sur des secrets de famille. Seule concession aux temps modernes : les bombages. C'est devenu la première production corse et la ville n'y gagne pas, qui prend sous ces graffiti une allure « tiers-mondiste » affligeante.

Me Dominique Rinieri est avocat au barreau de Bastia. Son cabinet se trouve au premier étage d'une de ces vastes demeures. On y accède par un escalier de pierre en contournant difficilement la grosse Marocaine qui est en train de le laver à la serpillière.

Aujourd'hui, Me Rinieri a gravi tous les échelons de la carrière. Il est ancien bâtonnier et la boutonnière de son complet est discrètement fleurie. Il y a quarante-deux ans, il était jeune avocat, et c'est lui qui a eu à défendre Peter Fleig dans cette bizarre affaire. Il avait été désigné sur « commission d'office », c'est-à-dire dans le cadre de l'assistance judiciaire gratuite. Pour parler clair, cela veut dire qu'il n'y avait pas d'honoraires à espérer.

Et pourtant, Me Rinieri, jeune avocat, ne va pas ménager sa peine car, d'emblée, il est convaincu de l'innocence de Fleig :

– Je l'ai rencontré d'abord à la prison, et ensuite chez le juge d'instruction. Il m'a donné dès le premier abord l'impression d'un garçon tout à fait net, tout à fait sincère, et en tout cas totalement étranger aux faits qui lui étaient reprochés.

» Pour ce qui est du trésor, mentait-il ou disait-il la vérité, je n'en sais rien. On dit en Corse qu'en temps de guerre, les mensonges ne manquent jamais mais, de toute évidence, ce n'était pas un voleur. D'ailleurs, ces jumelles et cet appareil photographique faisaient partie de son matériel et il les gardait avec lui depuis le début de l'affaire sans que personne s'en soit offusqué.

» Ce qui est certain, par contre, c'est que ces ennuis, ces accusations, sont intervenus le lendemain même du jour où il a laissé entendre à quelqu'un qu'il avait vu le trésor. Il est problable que ce « quelqu'un » a pensé qu'en éliminant Fleig pour un certain temps, on éliminait du même coup le gouvernement français et que cela simplifiait d'autant les opérations de récupération.

» J'ai donc déposé immédiatement une demande de mise en liberté provisoire qui a été refusée sans explication. Et Fleig a été condamné, de façon totalement invraisemblable, à deux mois de prison sans sursis. J'ai aussitôt fait appel contre ce que j'estimais être une condamnation injustifiée, mais Peter Fleig est resté en prison, et il a bel et bien effectué ses deux mois de peine.

» Il s'est produit beaucoup de choses, pendant ces deux mois, et d'abord le fait que l'histoire du trésor s'est répandue partout... Vous savez, Bastia est une petite ville, au fond. Tout le monde se connaît, ou presque. J'ai donc très vite appris qu'en coulisses, pas mal de manœuvres se tramaient contre Fleig et que plusieurs personnes attendaient avec impatience qu'il sorte de prison pour... disons l'interroger.

» Autrement dit, le kidnapper et le faire parler.

» Aussi lorsque, à la fin du mois de décembre 1948, j'ai su que Fleig allait être libéré, ai-je immédiatement téléphoné au directeur de la prison qui m'a précisé que Fleig devait sortir le lundi 20 au matin.

» – A quelle heure? lui ai-je demandé.

» – Les sorties ont lieu entre 7 h 15 et 7 h 30.

» J'ai alors dit à ce directeur – que je connaissais bien – que j'avais de bonnes raisons de penser que Fleig courait un risque sérieux à sa sortie. Je lui ai donc demandé de ne pas le laisser sortir des locaux pénitentiaires avant que je sois là pour le prendre en charge.

» Il m'a promis de le faire.

» Le lundi 20 au matin, je me suis présenté à la porte de la prison à 6 h 45 et là, surprise : le gardien-chef m'a dit que Fleig était déjà parti.

» – Mais enfin, votre directeur m'avait promis de ne pas le laisser sortir avant que je sois là!...

» – Je l'ignorais. Première nouvelle. Il ne m'en a rien dit. De toute façon, quelqu'un d'autre l'attendait et l'a emmené. Un officier de police : il m'a montré sa carte de service.

» – Vous ne savez pas son nom?

» – Non...

» L'entretien s'est arrêté là. Je suis immédiatement allé au commissariat de police, pensant que la police reprochait autre chose à Fleig et qu'ils étaient venus le chercher pour l'interroger. Mais, là-bas, personne n'était au courant. Ni le planton, ni le commissaire. Il n'y avait rien sur la main-courante et aucun des inspecteurs n'était allé le chercher à la prison.

» Je suis allé à l'hôtel des Voyageurs, à toutes fins, mais là non plus il n'avait pas reparu. Ses affaires étaient toujours dans sa chambre et la patronne se préparait à lui faire envoyer son panier-repas comme elle le faisait chaque jour depuis deux mois. Aux frais de l'État, d'ailleurs, puisque la pension de Fleig continuait à être ponctuellement réglée par l'administration des Domaines.

» Je pouvais difficilement en faire plus car je n'avais aucun mandat pour cela. Je n'ai jamais revu Peter Fleig et j'ai été persuadé à partir de ce moment qu'il avait été séquestré quelque part jusqu'à ce qu'il parle, qu'il dise où était exactement le trésor, puis abattu...

» Ce qui est certain, et c'est là ma conviction absolue, c'est qu'il était innocent et que toute cette histoire avait été tramée pour l'éliminer le jour où « on » a pensé qu'on n'avait plus besoin de lui pour trouver le trésor...

6

Mardi 28 décembre 1948. Il est 10 heures du matin. Depuis quinze jours, le temps a viré au froid. Une pluie fine, fouettée par le vent, vient cingler les hautes fenêtres du bureau de l'inspecteur des Domaines de Bastia.

Signe que l'hiver, cette fois, est bien là, il a dû allumer sa lampe de bureau et le garçon de service vient, tous les quarts d'heure, fourrager à grands coups de tisonnier dans le poêle Godin qui s'obstine à refuser le charbon de l'administration.

L'inspecteur est soucieux car il doit rendre compte à la direction d'Ajaccio de la marche des choses. Et elle est plutôt embrouillée et décevante, cette marche des choses. « Marche » est d'ailleurs un terme bien impropre car tout est au point mort.

Il se décide enfin, tire vers lui la vieille Underwood au fonctionnement aussi compliqué qu'une locomotive, et commence à taper son rapport :

« L'inspecteur de Domaines de Bastia à Monsieur le Directeur des Domaines d'Ajaccio. Objet : trésor immergé par les Allemands au large des côtes de Bastia. Référence : votre lettre du 15-10-48.

« Par votre lettre visée en marge, vous m'avez prescrit de me tenir au courant de la marche des travaux entrepris en vue de retrouver un trésor immergé par les Allemands en 1943 au large des côtes de Bastia et de vous aviser immédiatement dès que le repérage aurait été effectué, afin de vous permettre d'en informer téléphoniquement la Direction Générale.

« Je prends aujourd'hui la liberté de vous exposer à ce sujet mon point de vue personnel.

« Je crois inutile de vous rappeler les phases successives de ces recherches que vous connaissez aussi bien que moi. Nous sommes tous amenés à constater aujourd'hui que, trois mois après le commencement des travaux, cette affaire se trouve au point mort, alors que 200 000 francs de frais on été exposés et payés et que l'indicateur Fleig est nourri et hébergé à l'hôtel des Voyageurs à raison de 1 000 francs par jour aux frais de l'État.

« Pour des raisons que j'ignore, les travaux sont suspendus depuis plus de deux mois, alors que jusqu'au 15 décembre dernier nous avons bénéficié à Bastia d'une longue série de belles journées propices aux recherches de l'espèce.

« Pendant ce temps, Fleig purgeait à la prison de Bastia une peine de deux mois pour un vague délit qu'il affirme n'avoir jamais commis, que son avocat, Me Rinieri, affirme également sur l'honneur que son client n'a pas commis et je dois vous avouer qu'après avoir entendu également, et à plusieurs reprises, la victime de ce délit, M. Loebenberg, ingénieur chargé des recherches, qui, du reste, n'a jamais déposé aucune plainte contre Fleig, ma conviction se rapproche de celle de Me Rinieri.

« Cependant, Fleig a été condamné à deux mois de prison et je ne peux que m'incliner devant la décision de ses juges. Quoi qu'il en soit, et sans tenir compte de cet incident, ou plus précisément de cette surprise, j'ai l'impression que cette affaire n'a pas été suivie jusqu'ici avec toute l'atten-

tion qu'elle nécessitait. Sans doute l'espoir de retrouver le trésor a pu paraître bien faible à un certain moment. Cependant, nous nous trouvons aujourd'hui en présence d'un dilemme : ou bien on croît fermement aux révélations de Fleig, et dans ce cas rien ne doit être épargné pour mener à bien les recherches, ou l'on n'accorde aucun crédit auxdites révélations, et dans cette deuxième hypothèse, il est parfaitement inutile de continuer à gaspiller de l'argent en de vaines recherches.

« Cependant, l'Administration supérieure ayant pris au sérieux les révélations de Fleig, puisqu'un crédit de 1 000 000 de francs a été affecté aux travaux de recherches et de renflouement, j'ai toujours estimé contraires à l'intérêt de l'État la lenteur et les hésitations apportées à l'exécution desdits travaux.

« Par ailleurs, et alors que le procès de Fleig devant le tribunal correctionnel de Bastia révélait à toute la ville l'existence probable de ce trésor fabuleux, j'ai été étonné de constater que la zone indiquée par Fleig n'a jamais fait l'objet de la moindre surveillance.

« Sans attacher plus d'importance qu'ils n'en méritent à certains bruits qui circulent en ville depuis quelque temps, et selon lesquels des individus venus du continent s'occupent activement de rechercher le trésor, que des lumières sont aperçues très souvent la nuit à l'endroit indiqué par Fleig, sans m'arrêter outre mesure, dis-je, à ces rumeurs et à bien d'autres, plus graves encore, il n'en subsiste pas moins un malaise à l'idée que cette affaire, qui, d'après les affirmations de Fleig, aurait dû être solutionnée en quinze jours, se trouve, je le répète, au point mort près de trois mois après le commencement des travaux entrepris, et qu'aucune disposition sérieuse n'a jamais été prise pour la sauvegarde de biens dont la valeur présumée est susceptible d'exciter tant de convoitises. Il s'ensuit tout naturellement que, même si le trésor existe à l'endroit indiqué, il est à peu près certain que l'État ne le récupérera jamais car n'importe quelle

entreprise clandestine a toute liberté pour le rechercher et se l'approprier.

« D'autre part, si l'on a acquis la certitude que Fleig est un imposteur, il conviendrait, ainsi que je l'ai déjà dit, d'abandonner définitivement les recherches et de refouler cet individu dont les affirmations, si précises sur certains points, avaient cependant, au début, convaincu tout le monde.

« Peter Fleig ne comprenant aucun mot de français, il m'a été impossible de l'interroger moi-même et de me faire ainsi une opinion personnelle sur la valeur de ses révélations.

« Cependant, dans une déclaration écrite en langue allemande dont une traduction, faite par M. Malosse, professeur d'allemand au lycée de Bastia, vous a été adressée par mes soins – accompagnée d'une lettre de Me Rinieri, avocat, contenant des informations dont je laisse toute la responsabilité à leur auteur – Peter Fleig affirme à nouveau être en mesure de trouver le trésor dans un délai de quinze jours mais se refuse, dit-il, de continuer les recherches sous la direction de M. Loebenberg dont il suspecte la bonne foi.

« De son côté, M. Loebenberg, qui parle avec facilité la langue allemande, et qui, pendant assez longtemps, a cru fermement à la réalité des faits révélés par Fleig, affirme maintenant que ce dernier est un menteur, que son histoire est invraisemblable et qu'enfin Fleig lui a avoué être en Allemagne sous le coup de l'article 52, ce qui signifie qu'il aurait été classé irresponsable de ses actes à la suite d'une blessure de guerre à la tête.

« Sans doute aurait-il été intéressant de procéder à la confrontation de Fleig et de M. Loebenberg par l'intermédiaire d'un interprète sérieux présentant toutes les garanties désirables, M. le professeur Malosse par exemple. Il est à présumer que, de cette confrontation, il aurait été certainement possible de se faire une opinion exacte sur la valeur des déclarations de Fleig. De toute façon nous serions sortis de la situation actuelle qui est paradoxale

puisqu'on considère comme non fondées les révélations de Fleig, mais que l'on n'abandonne pas définitivement les recherches et que l'on entretient Fleig à l'hôtel et au restaurant aux frais de l'État.

« Je ne sais pas s'il sera encore possible de procéder à la confrontation dont j'ai parlé plus haut, car cette affaire, si fertile en surprises et en coups de théâtre, vient de nous en fournir un nouveau. J'apprends, en effet, que Peter Fleig, qui depuis sa sortie de prison était placé sous la surveillance de la police spéciale de Bastia, a disparu de son hôtel le lundi 20 décembre dernier à 11 heures 45, abandonnant ses bagages et tous ses effets personnels. Les recherches effectuées par la police pour le retrouver sont demeurées vaines et on se perd en conjectures sur cette disparition. M. Bourgeaud, Commissaire spécial à Bastia, chargé de la surveillance de Fleig, n'a pu expliquer cette disparition. Toutefois, m'a-t-il dit, il est possible que Fleig, se sentant démasqué, se soit efforcé de rejoindre l'Allemagne et ait réussi à s'embarquer clandestinement sur un bateau en partance, à moins qu'il ne se trouve séquestré à l'intérieur de l'île par des individus auxquels il aurait proposé la vente de son secret.

« L'affaire en est là et il ne reste plus maintenant à l'Administration qu'à tirer des faits que je viens d'exposer une conclusion rapide. Fleig s'était engagé, avant la prospection de la dernière partie du secteur qu'il avait indiqué, à retrouver rapidement le trésor. On n'a pas cru devoir tenter cette expérience en temps utile, ce qui aurait permis soit de retrouver le trésor, soit de confondre Fleig. Actuellement, ce dernier ayant disparu, il ne nous reste plus, semble-t-il, de choix qu'entre deux décisions : ou bien explorer l'endroit indiqué par Fleig que M. Loebenberg connaît bien, ou bien abandonner définitivement les recherches.

« Si l'on s'arrête à la première solution, il conviendrait, à mon avis, d'agir avec la plus grande célérité possible, ne serait-ce que pour mettre un terme aux bruits les plus fan-

taisistes et les plus invraisemblables qui circulent en ville et calmer ainsi l'opinion publique. »

Le dernier paragraphe montre bien que des deux hypothèses, continuer ou arrêter, l'inspecteur des Domaines souhaite que la première soit choisie.

L'Administration, qui a déjà dépensé 200 000 francs dans l'affaire et qui la voit s'enfoncer dans de sordides histoires, va préférer la seconde.

Tout abandonner.

Elle laisse ainsi le champ libre à toutes les spéculations. Et Dieu sait si elles sont nombreuses. D'abord, la moitié de Bastia, c'est-à-dire toute la population adulte, sait que le trésor est devant le Golo, par 35 mètres de fond. Il y a, à l'époque, au port de Bastia, une vingtaine de chalutiers. Curieusement, ils vont régulièrement se donner rendez-vous dans cette zone qu'ils ratisseront pendant des semaines. La nuit, de préférence.

Le chalut racleur est en effet un instrument de pêche catastrophique dans la mesure où il laboure et stérilise les fonds marins, mais c'est aussi un très bon moyen pour retrouver les objets tombés au fond de l'eau : il avale tout sans distinction et il n'y a plus, ensuite, qu'à faire le tri.

Le gros inconvénient des histoires de chasse au trésor est que l'on n'en connaît en principe jamais le résultat exact. Si quelqu'un trouve, en effet, il se garde bien de le dire et les autres continuent à chercher, entretenant la légende.

Dans ce cas précis, on peut pourtant affirmer que ces recherches ont été stériles. Fleig avait en effet orienté le gouvernement français – par prudence, et par erreur – sur une zone sans intérêt. La zone intéressante, il la prospectait discrètement durant ses heures de liberté avec l'ami de Louisette.

Or, lorsqu'il sort de prison, ce n'est pas par ce dernier qu'il est enlevé, mais par une équipe qui s'articule autour de l'officier de police et d'un pilote du port. Ils ne connaissent, eux, que la version de l'embouchure du Golo. C'est sur celle-ci qu'ils vont l'interroger, et Fleig se gardera bien de parler de l'autre. Celle du cap Corse.

L'ami de Louisette, lui, est plus près de la vérité. Il sait que Fleig a vu le trésor le long du cap Corse. Mais où? Ce fameux dimanche 17 octobre, il a plongé à plusieurs reprises, et à des endroits très différents. Or l'ami de Louisette n'a pas noté ces endroits. S'il avait pu remettre la main sur l'Allemand à sa sortie de prison, il l'aurait fait parler. Quand il y a plusieurs tonnes d'objets précieux en jeu, on ne s'embarrasse pas de scrupules humanitaires. Mais Peter Fleig a disparu, le lundi 20 décembre au matin, et plus personne ne le reverra...

A partir de là, commence une période à la fois bouillonnante et stérile. Tout le monde cherche le trésor. Tout le monde se méfie de tout le monde. Une légende se crée à coup de rendez-vous mystérieux, de conciliabules, de fausses révélations.

De nouvelles versions circulent sous le manteau, comme des secrets d'État : le trésor est de l'autre côté du cap Corse, devant Saint-Florent. Non, il est à Porto-Vecchio, par 60 mètres de fond. Pas du tout, il est dans le golfe de Bonifacio.

Des expéditions se montent, qui avortent toutes avant d'être à pied d'œuvre et, dès qu'un règlement de compte ensanglante la première page des journaux, on le met tout naturellement sur le compte de ce fameux trésor.

C'est dans cette atmosphère enfiévrée que débarque, un matin de juin 1951 sur le quai d'Ajaccio, un touriste pas comme les autres. Il est anglais. Il s'appelle John Godley. Il est le fils de Lord Kilbraken, qui vit en Irlande dans son manoir de Killegar et siège à la Chambre des lords.

John Godley a 26 ans. Il est journaliste indépendant et parcourt le monde à la recherche des sujets susceptibles de faire de bons articles.

Le trésor de Rommel

Dès le premier soir, dans le bar de l'hôtel d'Ajaccio où il est descendu, il apprend de la bouche de l'hôtelier l'étrange histoire du trésor de Rommel. C'est le début d'une enquête de dix ans qui lui réservera bien des surprises!...

Deuxième partie

CHASSEURS DE TRÉSOR

7

Mai 1989. John Godley est devenu à son tour Lord Kilbraken, troisième du nom. Il se trouve à Londres pour la session de la Chambre. Un soleil radieux brille sur la capitale du Royaume-Uni où la circulation – à gauche – serait un véritable casse-tête si elle n'était pratiquée par les Anglais, toujours indulgents pour les « fantaisies » des Continentaux.

La Chambre des lords ressemble plus que jamais à une cathédrale gothique dont les huissiers à chaîne d'argent sur leur frac noir seraient les bedeaux.

Lord Kilbraken a laissé un message : il ne peut être au rendez-vous car il est cloué chez lui par une mauvaise fièvre. Il propose que l'entrevue ait lieu à son domicile londonien, proche de Hyde Park.

C'est un pied-à-terre très anglais : le demi-sous-sol d'une villa blanche à colonnades, rigoureusement semblable à toutes celles qui composent cette rue calme et verdoyante de dizaines de petits jardins.

Présentations réciproques, « shake-hand » et cérémonie du thé, avec échange de banalités sur le temps, sur Paris, sur Londres. « Sir John » – il s'insurge : « Appelez-moi John tout court ! » – a une soixantaine d'années. Il est grand, mince et regarde le monde avec des yeux d'un bleu profond, tour à tour étonnés et perspicaces.

Le trésor de Rommel! Cela restera sûrement la plus grande affaire de sa vie. Une affaire dont il se souvient dans les moindres détails, même s'il glisse sur certains....

Lord Kilbraken parle lentement, en pesant ses mots, et nous voici de nouveau en juin 1951. Le jeune John Godley est fasciné par le récit de l'hôtelier.

– Et tout cela s'est passé à Bastia?

– A Bastia et aux environs...

– Comment va-t-on à Bastia?

L'hôtelier hausse les épaules :

– Vous avez le choix entre le car et le train. Prenez plutôt le train, il n'est pas plus rapide, mais vous serez plus à l'aise.

Pas rapide, c'est tout à fait exact. Le petit train qui souffle et ahanne au fond des vallées met la journée entière pour faire le trajet. Mais c'est magnifique. Gorges profondes, montagnes vertes, villages altiers et assoupis sur leurs pitons, et toute la convivialité d'un petit omnibus où tout le monde se connaît.

En huit heures d'un trajet écrasé de soleil, John va goûter à toutes les spécialités corses à mesure que se succèdent les voyageurs dans son wagon. Saucisson sec et parfumé comme le maquis, fromage de chèvre cassant comme de la pierre, vin des coteaux, franc et solide, tenu au frais dans des cruches de terre ou jambon de sanglier nerveux comme un berger corse.

Les femmes, fines et droites, semblent sortir d'une tragédie grecque dans leurs vêtements noirs. Les hommes, sous leurs chapeaux de feutre, ont des sourires chaleureux. Avec ses cheveux blonds et ses yeux on le prend d'abord pour un « pinsut ». Un « Français de France ». Quand il explique qu'il est anglais, on le regarde avec curiosité et sympathie et on pousse en avant quelque gamin qui étudie l'anglais au lycée.

Un moment diffile car il faut le comprendre, le gosse, afin que les parents triomphent.

Quand il arrive enfin à Bastia, dans la douceur des soirs de juin, le hasard veut qu'il aille tout droit à l'hôtel des Voyageurs. C'est là qu'il va commencer son enquête. Trois ans après les faits, les souvenirs sont encore frais. Il rencontre les geôliers de la prison, des pêcheurs, le juge qui a condamné Fleig, des scaphandriers qui ont eux aussi cherché le trésor, bref, tous ceux qui, de près ou de loin, ont connu l'ancien SS.

Tous sauf deux : Rodolphe Loebenberg et Louisette.

Rodolphe Loebenberg a quitté la société Zagamé quelques mois après cette affaire. Il est retourné sur le continent, mais nul ne sait exactement où.

Quant à Louisette, elle a disparu. Il semble bien qu'à Bastia, personne ne la connaissait avant qu'elle entre dans la vie de Fleig. On ne l'a en tout cas jamais revue. Il n'en reste que des légendes. Pour les uns, elle travaillait pour la police. Elle était venue spécialement de Paris pour cela... D'autres, au contraire, avec beaucoup de réticences, faisaient allusion à une organisation un peu mystérieuse. Tantôt c'était une sorte de Maffia, tantôt – Louisette parlait l'allemand – une société secrète nazie.

Bref, le brouillard.

Mais, de ce brouillard, quelques vérités commencent à émerger.

La première lui est révélée un soir, dans un bar du port, par un pêcheur qui lui présente « Monsieur Antoine ». Encore un mystérieux personnage : cheveux « gominés », sourire en or, grosse chevalière, chemise de soie et chaussures bicolores, Monsieur Antoine est « dans les affaires ». Des affaires juteuses, puisqu'il roule au volant d'une grosse Plymouth bleue – un luxe ! –, et qui lui laissent beaucoup de loisirs.

Le pêcheur, lui, est putôt taciturne. Il parle lentement,

avec de longs silences. Mais ce qu'il dit est du plus haut intérêt. Il habitait tout près du port et il a vécu aux premières loges, bien malgré lui, ces jours troublés de septembre 1943 où les Allemands ont rembarqué dans une certaine pagaille. Il se souvient très bien qu'un après-midi, une équipe de Boches qui n'avaient pas l'air commodes du tout a réquisitionné de force une barge sur laquelle des Italiens avaient entassé tout un matériel dans l'idée de fuir au plus vite.

La barge a été déchargée illico par des SS qui n'avaient pas envie de plaisanter et ils sont ensuite restés sur place, l'arme à la main, attendant visiblement quelque chose.

Sur ces entrefaites, une escadrille de chasseurs-bombardiers alliés a effectué une attaque en piqué à la mitrailleuse et à la bombe, et il s'est réfugié dans sa cave.

Quand il en est ressorti, longtemps après la fin de l'alerte, la barge avait disparu et les SS aussi.

Cela se passait le 16 septembre. Il est certain de la date, hélas, car, le soir même, il apprenait que son frère avait été tué par une balle perdue.

Le second indice lui sera donné par un employé du service des Domaines qui a vu le dossier :

– Avant de se lancer dans cette affaire, l'Administration avait fait une rapide enquête sur Peter Fleig, lui expliquera-t-il. Nous avons eu le résultat de cette enquête en main – il doit d'ailleurs être quelque part dans nos archives, je pourrais essayer de le retrouver si cela vous intéresse – mais en tout cas je me souviens très bien de sa conclusion :

« L'intéressé fait bonne impression et peut justifier de larges connaissances dans sa spécialité de scaphandrier. Mis en présence d'un inspecteur originaire de la Corse, il a prouvé qu'il avait des notions suffisantes sur la géographie de la région de Bastia pour expliquer une présence de huit jours dans cette région... » (Rapport complémentaire du commissaire de sûreté de Trèves en date du 5 juin 1948).

Le troisième indice est à la fois plus percutant et moins net. Il tient à la conviction profonde et générale de la véracité de l'affaire. Lorsqu'une chose est douteuse, il se trouve toujours des gens pour démontrer qu'elle est fausse. Or, là, c'est le contraire. Tous les gens qu'il rencontre croient à l'existence du trésor. Pour eux, qui ont vécu la guerre et la présence allemande, et à qui rien n'échappe, la chose est certaine.

Et pourtant le trésor n'a pas été retrouvé.

Comment l'expliquer?

Il n'y a qu'une façon de le faire : Fleig n'a pas dit la vérité : il a menti sur plusieurs points importants.

Il faut donc, pour avoir une chance réelle de retrouver le trésor, retrouver Fleig. Et le convaincre de dire enfin la vérité en lui proposant une véritable association.

La conclusion est simple et lumineuse, mais il va falloir dix ans à John Godley pour la mener à bien...

Arrivé à ce point de son récit, Lord Kilbraken s'interrompt et se penche vers la table basse qui nous sépare. Il y a plus important que le trésor : le thé. Une nouvelle théière est en train d'infuser et il en soulève délicatement le couvercle pour surveiller l'opération et jauger d'un œil expert son état d'avancement. Tout va bien! Le liquide ambré coule dans les tasses, se voit enrichi d'un nuage de lait, longuement humé, goûté d'une lèvre prudente, puis enfin dégusté.

Une question flotte dans l'air bleui par la fumée des Dunhill.

– Comment avez-vous réussi à le retrouver?

Il y a un long temps de silence mis à profit pour reposer tasse et soucoupe sur la table, puis John Kilbraken se carre dans son fauteuil.

– Grâce à un article que j'avais écrit pour une revue américaine. *American Weekly,* je crois. J'y racontais mon séjour en Corse et mon enquête. Cet article avait été revendu à une revue allemande qui l'avait traduit et publié. Quelques semaines plus tard, j'ai reçu une lettre d'Allemagne. De Fribourg-en-Brisgau. Elle émanait de la firme d'avocats Fäller und Abraham. C'était le Herr Doktor Gert Fäller qui m'écrivait au nom de son client... Peter Fleig!

» Fleig avait lu mon article et, pour la première fois, depuis que l'on écrivait sur le trésor de Rommel, l'avait jugé sérieux et documenté.

» Il me proposait une rencontre pour étudier ensemble la possibilité, grâce à mes relations – en tout cas celles qu'il me supposait –, de mettre sur pied une nouvelle expédition et de récupérer enfin le trésor.

» J'étais très surpris, car depuis treize ans que plus personne n'entendait parler de lui, j'étais persuadé comme tout le monde en Corse que Fleig, après son enlèvement, avait été exécuté par la Maffia.

» J'ai téléphoné au Dr Fäller pour prendre rendez-vous et j'ai sauté dans le premier avion pour Fribourg...

John Kilbraken reste pensif pendant quelques instants. Il revoit la scène comme si elle datait de la veille. Le petit salon d'attente de Me Fäller, d'abord : fauteuils profonds, table basse et fenêtre voilées de rideaux qui assourdissent les bruits de circulation. Gert Fäller ensuite : la quarantaine pondérée, le geste calme, le mot juste. La conversation roule dans un premier temps sur quelques banalités obligées. Les présentations, le voyage, l'hôtel où il est descendu, le temps, même, et Me Fäller entre enfin dans le vif du sujet par une phrase plutôt surprenante :

– Voilà : celui que vous appelez Peter Fleig m'a demandé de le conseiller dans cette affaire aussi embrouillée que délicate.

– Que voulez-vous dire par « celui que vous appelez Peter Fleig » ?

Me Fäller sourit.

– Ce n'est pas son nom. Disons, pour simplifier, que c'est un « nom de guerre ». En fait, il s'appelle – pour l'état civil allemand en tout cas – Walter K... Il m'a d'ailleurs expliqué comment il avait été amené à changer de nom à l'âge de douze ans. Jusque-là, il s'est appelé Walter Fleig, du nom de sa mère. Quand il avait douze ans, celle-ci a épousé un certain Monsieur K... qui l'a reconnu. Il est donc devenu Walter K...

John Kilbraken ne manie pas très bien la langue allemande. Gert Fäller est plus à l'aise en anglais, mais sans le parler couramment. La conversation est donc un peu difficile, et il ne faut pas chercher ailleurs la raison pour laquelle l'un comme l'autre, le journaliste sceptique par profession et l'homme de loi méticuleux par nature, vont oublier un détail capital : cette explication rend tout à fait compte du changement de nom de famille, mais « quid » du prénom?

Pourquoi « Walter » est devenu « Peter » avant de redevenir « Walter »?

La clef du trésor est là, mais elle va rester enfouie...

– Bref, poursuit le docteur Fäller, Walter K... m'a raconté toute son affaire. Je vais vous dire très franchement mon sentiment : il m'a menti!

John Kilbraken sursaute malgré son flegme :

– Alors l'histoire est fausse?

Gert Fäller sourit et esquisse un geste d'apaisement :

– Non. Je suis persuadé qu'il y a bien un trésor, mais Walter K... se méfie de tout le monde. Je crois qu'il attend d'avoir de solides garanties pour dire toute la vérité. C'est à vous de les lui apporter... tout de suite, d'ailleurs, si vous le pouvez, car il est là.

D'un mouvement un peu théâtral, Gert Fäller se lève, fait le tour de son bureau et va ouvrir une porte :

– Monsieur K..., voulez-vous entrer?

– Et c'est ainsi, enchaîne John Kilbraken, que je me suis retrouvé devant l'homme que tout le monde croyait mort depuis treize ans.

» Celui qui, seul au monde, savait où était le fabuleux trésor de Rommel...

Walter K... est grand – plus d'un mètre quatre-vingts – mince, très légèrement voûté. Il a le visage fatigué, avec une très grosse cicatrice qui part du front, à gauche, vers le sommet du crâne. Ce qui frappe surtout John Kilbraken, c'est le regard :

– Des yeux très fuyants. Des yeux que je ne parvenais pas à accrocher...

Il voit sur le moment une marque de duplicité. En fait, c'est beaucoup plus simple : Walter K... est inquiet. Disons même qu'il a peur. Il faut croire qu'après son enlèvement à la sortie de la prison de Bastia, en 1948, il s'est passé des choses terribles car jamais, jamais, il n'acceptera d'en parler.

Ce qui est certain, c'est que la « Maffia » a retrouvé sa trace, et l'oblige à se terrer : deux ans plus tôt, trois hommes ont fait irruption chez lui et, après l'avoir assommé, ont tout fouillé, tout saccagé, avant de repartir avec des dossiers.

Ils parlaient français...

Walter K... a immédiatement déménagé. Il n'est plus sur l'annuaire.

Et là encore, dans le bureau de Gert Fäller, et bien que ce soit lui qui ait proposé l'entrevue, il n'est qu'à moitié rassuré. Pourtant, il parle. Une fois de plus, il raconte son aventure.

– En 1943, j'étais à La Spezia, en Italie...

Il va ainsi parler pendant vingt minutes. John Kilbraken prend des notes. Dans cette nouvelle version, Walter K... n'est plus scaphandrier, mais sous-officier dans la SS. C'est à ce titre qu'il a participé à l'immersion du trésor au large du Golo. Les hasards de la guerre ont fait qu'il est resté le seul survivant de la petite équipe qui a procédé à l'opération.

En 1947, dans l'idée d'aller rechercher le trésor, il a décidé d'apprendre à plonger et s'est inscrit à un cours de scaphandrier à Hambourg.

A la fin de ce cours, en 1948, il a demandé un visa touristique pour la Corse.

– Donc, conclut John Kilbraken, le trésor est devant l'embouchure du Golo?

– Oui.

– Là où vous avez plongé avec les Français?

Walter K... hésite :

– Pas exactement...

– Pourquoi ne leur avez-vous pas indiqué le bon endroit?

– Parce que j'avais vite compris qu'ils ne me donneraient rien.

– Êtes-vous prêt, aujourd'hui, à indiquer le véritable endroit et à participer à une nouvelle expédition de recherche?

– Non. Je refuse d'aller en Corse. C'est beaucoup trop dangereux. Mais je veux bien indiquer l'endroit précis si j'ai des garanties.

– Lesquelles?

C'est Gert Fäller qui va répondre à cette dernière question :

– Il faudrait d'abord établir un contrat entre les différents participants, prévoyant très exactement les modalités de partage. Il faudrait ensuite que mon client, qui ne peut se rendre en Corse, y soit représenté par un mandataire en qui il aurait toute confiance. Je pense que c'est mon cas. Il faudrait enfin que la totalité des personnes amenées à participer aux recherches s'engagent à ne jamais divulguer la zone de recherche.

John Kilbraken hoche la tête :

– Je pense que tout cela ne pose aucun problème. A mon tour, maintenant, de demander quelques garanties. La mise sur pied d'une expédition revient très cher. Je dois donc présenter aux financiers que je serais amené à contacter quelque chose de concret. Par exemple, un engagement formel de Monsieur K..., contresigné par son avocat, d'indiquer la zone exacte où se trouve le trésor.

Walter K... acquiesce et Me Fäller rédige immédiatement cette lettre, qui est signée et contresignée.

Il n'y a plus qu'à trouver le financier. Mais là, John Kilbraken a sa petite idée. Un seul homme peut mener à bien cette fabuleuse affaire. Il dispose du temps, de l'argent, du matériel et du savoir-faire.

Edwin Link.

8

La vie d'Edwin Link est extraordinaire de bout en bout. En 1926, ce jeune Américain de 32 ans, installé à Binghamton, dans l'État de New York, a tout pour être heureux. L'Amérique est en effet en plein essor et la petite manufacture familiale qu'il dirige est à son image. En 1913, Edwin Link a relancé la fabrique de pianos mécaniques fondée par son père. Le succès, foudroyant, va venir... du cinéma. C'est en effet le temps du cinéma muet et les entrepreneurs de spectacles accompagnent toujours leurs films d'une musique. Il y a certes le « gramophone », mais il émet autant de crachotements que d'accords, et nuit à la qualité de la prestation. Le piano mécanique a tous les avantages pour lui : grâce à ses rouleaux de papier perforé, il joue (presque) comme un virtuose... sans coûter le salaire d'un pianiste.

Mais 1926 va être une année noire pour le General Precision Inc. de Binghamton : le cinéma parlant vient de faire son apparition et la vente des pianos mécaniques chute à la verticale.

Il faut trouver un autre « créneau ». Il y a l'aviation, à laquelle la guerre vient de faire faire des progrès foudroyants, et qui entame dans la foulée une carrière civile prometteuse. Il faut donc travailler pour l'aviation. Or l'aviation civile, pour se développer et devenir un moyen de transport fiable, a besoin d'instruments de précision.

La précision, c'est la raison sociale même des ateliers d'Edwin Link. Il va donc concevoir des instruments de pilotage sans visibilité – altimètres, horizons artificiels, compas et autres – et les réaliser en série.

Et puis, un beau jour, il a un trait de génie : le simulateur de vol. Le fameux « link-trainer ». La formation des pilotes coûte en effet très cher, car elle représente une usure considérable du matériel qui est même parfois, sur une faute de l'élève, détruit. C'est une énorme perte de temps, et une perte d'argent plus énorme encore. Link propose donc à l'armée, à la marine et aux compagnies aériennes un appareil révolutionnaire : une cabine de pilotage montée sur vérins et qui restitue tous les effets du vol : décollage, manœuvres, navigation et atterrissage.

Le link-trainer permet, sans aucun risque et pour un coût réduit, de former un pilote en trois semaines.

D'emblée, le marché est fabuleux et aujourd'hui encore, tous les pilotes du monde sont formés sur simulateur de vol. Les astronautes de la mission Apollo qui, les premiers, mirent le pied sur la Lune, s'étaient d'abord entraînés sur un simulateur Link.

Edwin Link est riche. Sa fortune, il va la consacrer à son hobby : l'exploration sous-marine. Il a fait spécialement aménager un navire pour cela : le *Sea Diver*.

En 1950, quand il a été lancé, c'était déjà un navire révolutionnaire. Entièrement conçu pour la recherche archéologique en mer, il est bourré d'électronique. Et Edwin Link l'améliore sans cesse. Entre 1950 et 1962, grâce à ce navire, Edwin Link et sa femme vont remplir les musées du monde entier de trésors repêchés au fond des mers.

Or John Kilbraken connaît Ed Link...

– Je l'ai rencontré à Londres, trois semaines après mon retour de Fribourg, et je lui ai raconté toute l'affaire au restaurant de l'hôtel Savoy. Il a écouté très attentivement, a réfléchi, puis m'a dit :

» – Quatre ou six caisses en fer par une quarantaine de mètres de fond avec, si je comprends bien, une localisation très provisoire... Non, nous n'avons aucune chance. Avec vos renseignements et les instruments installés à bord du *Sea Diver*, nous recherchons une aiguille dans une meule de foin. Mais avec les yeux bandés et des gants de boxe aux mains...

» A ce niveau, en effet, les sonars ne sont d'aucune utilité. Ils ne détectent que les masses émergeant de la ligne du fond. Or les caisses ont dû s'enfoncer tant soit peu. Ce qu'il faudrait, c'est un détecteur magnétique couvrant un champ suffisamment large, beaucoup plus large que ceux que je possède actuellement. Disons une bonne dizaine de mètres.

» Et d'une grande sensibilité...

» Edwin Link réfléchit à nouveau quelques secondes :

» – Écoutez, j'attends pour l'année prochaine un prototype d'un tout nouveau magnétomètre supersensible. Le magnétomètre à précession de protons du docteur Gray, de l'université d'Edimbourg. Voilà l'instrument qu'il nous faut. Ce sera un très bon moyen de le tester sur une recherche réelle. D'autant que, durant l'été prochain, le *Sea Diver* opérera en Méditerranée.

« Rendez-vous donc pour l'été 1963. Mais laissez-moi une photocopie de votre dossier, je vais le faire parvenir à mon chef plongeur. Nous travaillons depuis des années ensemble et il a un jugement remarquable tant sur le plan des enquêtes historiques que sur celui de la faisabilité technique.

« Il s'appelle Robert Stenuit... »

Robert Stenuit a aujourd'hui la cinquantaine mince et sportive. Le front légèrement dégarni, de fines lunettes et une barbe dont le négligé apparent doit demander beaucoup de soins. Plongeur et archéologue sous-marin, il est aussi journaliste et écrivain [1]. Il est de passage à Paris entre deux missions en compagnie de son ami Delauze, patron de la Comex – la plus importante société au monde de travaux sous-marins – et passionné lui aussi d'archéologie sous-marine.

Le trésor de Rommel? Bien que cette recherche remonte à vingt-six ans maintenant, il s'en souvient comme si c'était hier. Et pourtant, entre-temps, que d'aventures! La plus fabuleuse de toutes étant sans aucun doute la découverte du trésor d'une des galéasse de l'Invincible Armada. L'aventure vaut d'être contée car elle montre exactement comment on peut espérer retrouver un trésor.

Les faits, d'abord, qui appartiennent à l'Histoire : en 1588, près d'un siècle après la découverte du Nouveau Monde, Philippe II règne sur l'Espagne et sur ses possessions réparties autour du monde. Des Amériques, l'Espagne tire un revenu fabuleux que transportent chaque année les « flottes de l'or ». Une cinquantaine d'énormes galions bourrés de barres d'or et d'argent, de pierres précieuses et de soieries. Elle appareille du Panama au printemps et rallie Cadix après une traversée toujours hasardeuse. D'abord à cause des difficultés de la navigation avec des navires lourds, lents et peu maniables, mais ensuite et surtout à cause des corsaires.

Car cette flotte excite, bien sûr, les convoitises. Marins de Saint-Malo, de Dunkerque ou d'Angleterre, ils prennent tous la mer lorsque la flotte de l'or appareille, là-bas, aux Amériques.

Et ils se mettent en embuscade sur son trajet. S'ils sont assez forts, ils l'attaquent. Sinon, ils la suivent, semaines après semaines, attendant qu'un des galions, trompé par la nuit ou obligé de fuir sous un coup de vent, s'en écarte. C'est alors l'attaque et l'abordage.

Les plus acharnés dans cette guerre de course qui n'est rien d'autre que du brigandage, sont les Anglais.

Philippe II a donc décidé de donner une leçon à l'Angle-

1. *Ces mondes secrets où j'ai plongé*, Collection Vécu, Robert Laffont.

terre et à sa « chère cousine » la reine Elisabeth. Il a rassemblé la plus formidable force navale jamais réunie. Des centaines de lourds et puissants navires de guerre confiés à la fleur de la noblesse espagnole. Sa mission : battre la flotte anglaise, envahir l'île pour la réduire à merci et l'ajouter au feston des colonies espagnoles.

Hélas ! Le temps en a décidé autrement. Une effroyable tempête disperse l'Invincible Armada en mer du Nord et elle doit fuir devant les vaisseaux de l'amiral Drake.

Les rares survivants ne rejoindront l'Espagne, après avoir essuyé d'autres terribles tempêtes, que plusieurs semaines plus tard et en contournant l'Écosse et l'Irlande.

C'est d'ailleurs sur les côtes irlandaises que la *Girona*, une des galéasses amirales, s'est perdue. Elle s'est fracassée contre les rochers en un lieu qui a gardé le nom de « Récif des Espagnols ».

Un des survivants, rentré en Espagne après de longs mois de captivité, a pu faire son rapport. Il est consigné dans les archives de la Marine, à Séville.

Ce rapport, Robert Stenuit l'étudiera longuement, cartes marines en mains pour parvenir, grâce à un travail méticuleux, à déterminer le groupe précis de rochers sur lequel la galéasse a fait naufrage.

Mais plus de quatre siècles se sont écoulés. Quatre siècles de tempêtes, de marées et de courants. Le bois du navire a pourri dans l'eau. Ce qui a pu résister à l'action de la mer a été dispersé. Et d'autant plus loin que l'objet était plus léger.

Marées, courants, récifs et tourbillons, Robert Stenuit a peu à peu défini la zone où se sont amassés les objets. Tout ce travail – capital – représente la partie immergée de l'iceberg. La plus importante et la moins spectaculaire. L'autre, bien sûr, fait rêver. Quinze jours de plongée par tout petits fonds et une fabuleuse récolte dans le sable ou les anfractuosités des rochers : doublons, ducats, pistoles, chaînes d'or et mille objets fascinants, pots à boire, écrins de toilette, souliers ou vêtements...

– Voilà pour la *Girona* – Robert Stenuit sourit – mais ce n'est pas notre propos aujourd'hui. Il s'agit là du trésor de Rommel, et cela nous ramène à 1962. A janvier 1962, très exactement, quand Edwin Link m'a demandé d'embarquer une fois de plus, comme chef plongeur, au printemps 1963, pour une très secrète expédition en Corse.

» J'avais déjà entendu parler du trésor de Rommel et commencé à rassembler de la documentation sur ce sujet. Link m'a fait parvenir une copie des notes prises par John Kilbraken lors de sa rencontre avec Fleig. Il y avait là l'essentiel des explications fournies par Fleig, et j'ai été frappé par le fait que, sur plusieurs points très importants pour la recherche proprement dite, il était en contradiction flagrante avec ses déclarations de 1948 dont j'avais les textes.

» Quand on cherche un trésor, on n'a jamais de renseignements complets. On a des bribes, et on s'efforce de remplir logiquement les blancs. Mais il est indispensable que ces bribes soient absolument certaines.

» Là, c'était exactement le contraire. J'ai immédiatement écrit à Link pour lui faire part de mes doutes. Ou plutôt de ma certitude : tant que ce Peter Fleig, alias Walter K..., ne nous aurait pas dit l'exacte vérité – et avec des éléments vérifiables – nous perdrions notre temps.

Edwin Link a alors prévenu John Kilbraken, qui a à son tour contacté Gert Fäller.

Fäller décide de tirer l'affaire au clair. Sans en rien dire à Fleig, il commence un enquête qui va durer deux mois et lui apprendre quelques détails sur son étrange client. Dont un qui cadre très mal avec le récit de l'ancien SS. Gert Fäller découvre en effet qu'en août 1943, Walter K... était hospitalisé en Pologne. Bizarre, car il affirme avoir été en Corse dès le début du mois de septembre. Pour Fäller, c'est impossible. Il convoque Fleig et, sans douceur, le met au pied du mur :

– Ou vous dites une bonne fois pour toutes la vérité, ou je téléphone dès aujourd'hui à Lord Kilbraken pour lui demander de tout annuler, car l'histoire est fausse de bout en bout !

Gert Fäller mettra trois heures à confesser Fleig. L'histoire que ce dernier finit par exposer, bribes par bribes, est totalement différente de tout ce qu'il avait dit jusque-là. Deux jours plus tard, d'ailleurs, il la répétera mot pour mot devant John Kilbraken, alerté par Gert Fäller et qui a pu venir à Fribourg :

– Cette fois, précise Lord Kilbraken, je dois dire que je me méfiais. Je crois que vous dites en français : « Chat échaudé craint l'eau froide ». Fleig nous avait menti une fois, pourquoi pas deux? J'étais donc, tout comme Fäller, décidé à contrôler point par point les assertions de ce monsieur, avant de lancer Ed Link dans les recherches...

Le nouveau récit commence par deux aveux qui vont laisser John Kilbraken muet d'étonnement.

D'abord, Fleig n'a jamais vu le trésor. Ensuite, il a mis les pieds en Corse pour la première fois... en 1948 ! Quand il est allé plonger pour le gouvernement français.

– Mais alors, l'interrompt Kilbraken, tout ce que vous avez raconté aux Français?...

– Était faux, répond tranquillement Fleig.

Là encore, suprême subtilité, en avouant un mensonge, il réussit à mentir : non, dans ce qu'il avait raconté aux Français, tout n'était pas faux.

Pas plus, en tout cas, que la nouvelle version qu'il esquisse. Elle est pourtant toute différente.

Nous sommes en 1947. La guerre est finie depuis deux ans et pourtant le camp de concentration de Dachau, près de Munich, grouille toujours d'une dizaine de milliers de détenus. Des sentinelles occupent les miradors et la ceinture des barbelés qui entourent ce vaste quadrilatère est plus hermétique que jamais. Mais ce sont des soldats américains qui veillent aux miradors et les détenus sont d'anciens SS en attente de jugement. Il y a là de tout : de grands criminels de guerre, enfermés jours et nuits, et du menu fretin qui jouit d'une certaine liberté.

Parmi ces derniers, le *Feldwebel* SS Walter K..., vingt-cinq ans, dont six ans de guerre et une grave blessure à la tête reçue sur le front russe. Il appartient à la seconde catégorie de détenus : ceux à qui, à l'exception de leur appartenance volontaire à la SS, on n'a rien de précis à reprocher. Ils sont là en attendant un procès qui, le plus souvent, se solde par deux ou trois ans de prison, couverts par la détention préventive. En attendant, dans l'Allemagne ruinée de l'après-guerre (les miracles demandent quand même un peu de temps), ils ont tout intérêt à rester le plus longtemps possible au camp de concentration, car ils y sont logés et nourris. C'est pourquoi les autorités en laissent un certain nombre libres de sortir dans la journée pour travailler à l'extérieur.

C'est le cas de Walter K..., qui est bûcheron pendant la journée. Mais ce n'est pas du tout le cas de l'*Obersturmbannführer* SS Schmidt dont K..., le soir venu, partage avec une centaine d'autres détenus la baraque. Il est bouclé, lui, nuit et jour car c'est un criminel de guerre de grande envergure. Collaborateur proche du *Reichsführer* SS Himmler, il a d'abord fait partie du *Devisenschutzkommando*, chargé de recueillir, derrière les armées allemandes, toutes les valeurs possibles : or, bijoux, œuvres d'art, monnaies anciennes, etc. Bref, du brigandage organisé à l'échelle d'une nation. Mais ce n'est pourtant pas le principal des chefs d'accusation qui pèsent contre lui. On lui reproche surtout, étant en Pologne, d'y avoir organisé d'épouvantables massacres de juifs.

Il doit, très bientôt, être extradé et livré par la police militaire américaine aux autorités polonaises, pour y répondre de ses crimes.

Schmidt est sans illusion : les Polonais le condamneront à mort et le pendront. C'est inéluctable...

... Sauf s'il trouve un moyen de s'évader. Nuit et jour, il retourne le problème dans sa tête. Et, finalement, une idée lui vient : il a comme voisin immédiat un SS un peu fruste, un certain K..., qui sort tous les jours du camp. Or K... a la même taille que lui et ils se ressemblent un peu.

La première solution qui lui vient à l'esprit est d'étrangler K..., une nuit, et de prendre sa place au matin, avec ses vêtements de *Feldwebel*, la hache sur l'épaule, dans l'équipe de détenus qui sortent du camp pour leur travail.

Mais il y a trop d'aléas. Il décide de procéder autrement et, un soir, s'ouvre de son problème à son voisin, et lui propose une solution :

– Vous me prêtez une partie de votre tenue et votre hache, je prend votre place et je sors. Vous, vous êtes resté au lit, malade. Vous ne risquez pas grand-chose, et moi, cela me sauve la vie.

Walter K... hésite.

Schmidt se rend parfaitement compte que le plan manque d'attraits pour le *Feldwebel* à qui il ne vaudra, à coup sûr, que des ennuis. Alors? Faire appel à la discipline SS? Deux ans après l'effondrement du régime, cela risque de ne pas donner beaucoup de résultats.

Il a heureusement une arme secrète en réserve :

– Bien sûr, poursuit-il, je ne vous demande pas de faire cela sans contrepartie. J'ai travaillé pour le *Devisenschutzkommando*, vous connaissez?

K... fait oui de la tête. Ses yeux bleus se fixent sur son interlocuteur. Qui, chez les SS du front, ne connaissait pas ces salauds qui pillaient légalement à l'arrière?

– Parmi toutes les valeurs que nous avons eu l'occasion de récupérer, poursuit Schmidt, il y a trois chargements que nous n'avons pas pu, pour des raisons diverses, rapporter en Allemagne. Je les ai donc cachés et j'ai conservé les plans précis qui permettent de les retrouver. Vous me suivez?

K... acquiesce. Il aimerait bien savoir quelles sont les « raisons diverses » qui ont bien pu empêcher Schmidt de rapporter les magots en Allemagne. « Herr Schmidt » n'aurait-il pas décidé de mettre quelque menue monnaie de côté pour ses vieux jours?...

– Je vous propose donc de vous donner, en échange de votre aide, ces trois plans.

L'offre est tentante. D'un côté, la fortune. De l'autre, quelques ennuis qui ne peuvent pas aller très loin.

K... accepte. Schmidt lui serre la main.

– Il n'y a pas de temps à perdre. Ils peuvent venir me chercher d'un moment à l'autre. Je vais vous donner tout de suite les plans et toutes les indications nécessaires. Je prends votre place demain matin pour la sortie du camp.

Ils rentrent dans la baraque et Schmidt se dirige vers son bat-flanc. Sous sa capote roulée en guise d'oreiller, il saisit une musette, l'ouvre et en tire une liasse de papiers.

Durant une demi-heure, assis côte à côte sur le lit, ils vont les éplucher soigneusement pour en extraire les documents que Schmidt explique longuement à K...

Tout est enfin en ordre. Walter K... a rangé les documents dans la poche de sa vareuse et ils se relèvent pour sortir car l'heure de la soupe va bientôt sonner. Mais ils n'en ont pas le temps : trois gigantesques MP escortés par quelques GI's font irruption dans la baraque.

– Schmidt ! hurle un des MP.

Celui-ci, étonné, lève la tête et s'avance :

– *Ja* ?

Clac ! Une paire de menottes enserre ses poignets et il est poussé dehors.

K... aura juste le temps de le voir, de loin, hissé dans une jeep qui franchit la porte du camp.

A quelques heures près, l'*Obersturmbannführer* a raté son évasion. Il est perdu. Mais K..., lui, a gagné.

Il a gagné trois trésors.

9

On a souvent présenté Peter Fleig, alias Walter K..., comme un individu un peu fruste. Une sorte de paysan mal dégrossi. Aujourd'hui même, en Corse, les légendes qui courent sur son compte – et ils y en a beaucoup, bien que quarante-deux ans se soient écoulés depuis les faits – le présentent le plus souvent comme un débile.

Cela vient sans doute du rapport de Rodolphe Loebenberg et de cette fameuse blessure à la tête qui l'aurait fait classer par les autorités militaires allemandes comme irresponsable de ses actes. Il faut pourtant admettre que Fleig a agi avec beaucoup d'astuce dans plusieurs cas. Ne serait-ce qu'en réussissant à inventer à plusieurs occasions des versions toutes différentes et toujours à peu près vraisemblables.

Celle qu'il énonce en ce jour de février 1962 dans le bureau de l'avocat Gert Fäller et en présence de John Kilbraken est certainement la plus vraisemblable de toutes, car elle explique presque tout.

– Une fois de plus, raconte Lord Kilbraken en allumant une nouvelle cigarette et en se carrant dans son fauteuil, j'écoutais avec beaucoup d'attention et je prenais des notes. Fleig parlait lentement, d'une voix grave et presque sourde, mais j'avais besoin de l'aide de Fäller pour bien comprendre ce qu'il disait, car nous en arrivions à la partie capitale de l'affaire.

Lord Kilbraken ferme un instant les yeux. Il revoit le vaste bureau de l'avocat Fäller, avec ses meubles lisses, quelques gravures au mur. Dehors, de l'autre côté des fenêtres, une pluie lourde, faite de neige fondue, noie le paysage. Des voitures passent en chuintant. La nuit, bien qu'il ne soit que 4 heures de l'après-midi, tombe déjà. La lumière de la lampe à abat-jour posée sur le bureau de l'avocat creuse les traits de Fleig, alias K..., qui poursuit son monologue :

– J'avais donc les plans des trois trésors. Deux se trouvaient à terre et un immergé au large de la Corse. Les deux plus faciles à récupérer étaient, bien sûr, ceux qui étaient à terre. Mais je savais par Schmidt que c'étaient aussi les moins intéressants.

» Il y en avait un dans un petit village au-dessus de Salzbourg, en Autriche. Il était stocké dans un camion, lui-même caché dans une grange et enseveli sous du foin. Il se composait d'œuvres d'art et de toiles de maîtres. Le second trésor se trouvait en Italie, enfoui dans une grotte proche de Massarossa, dans la région de Viareggio. Il était essentiellement constitué de stocks de billets de banque d'origines diverses.

» Tout cela n'était pas très intéressant, mais il y avait le troisième trésor. Celui de Corse. Là, c'était autre chose : vingt millions de livres sterling en or et en bijoux!

La décision de Fleig va être vite prise : il va « spontanément » livrer aux autorités militaires américaines les deux premiers trésors... et garder le troisième pour lui.

Nul doute qu'il n'obtienne la pleine indulgence des Américains et ne soit immédiatement libéré. C'est ce qui va se passer : Fleig, alias K..., va trouver le capitaine Breittenbach, de l'administration du camp, et lui donne deux des cartes qu'il possède en lui expliquant de quoi il retourne.

– Notez bien, précise Lord Kilbraken en interrompant son récit, que j'ai eu confirmation de l'existence à Dachau à cette époque d'un capitaine de *l'US Army* du nom de Breittenbach. J'ai même réussi, quelques mois plus tard, à retrouver son adresse aux États-Unis... Donc, cela se tient. Mais poursuivons...

Des « trésors », les nazis, qui ont pillé l'Europe pendant cinq ans, en ont caché un peu partout. Le capitaine Breittenbach n'hésite donc pas une seconde : il se rend à Salzbourg, dans le village indiqué, repère sans difficulté la grange qui figure sur le plan, en fait écarter le foin et découvre le chargement tel que décrit, qu'il récupère et remet à la police militaire US.

Direction, maintenant, l'Italie. Il traverse Viareggio, dépasse Massarossa, monte dans la montagne en suivant le plan, trouve la grotte sans aucune difficulté... et constate qu'elle vient tout juste d'être visitée : il y a un grand trou tout frais dans le sol...

Le trésor en billets de banque était bien là, mais quelqu'un est passé avant lui...

Quoi qu'il en soit, le *Feldwebel* Walter K... a bien dit la vérité.

– On m'a donc libéré sur-le-champ, précise Fleig alias K..., mais les Américains ont fait encore plus : ils m'ont fourni un nouvel état civil – un passeport tchèque au nom de Peter Fleig – et un pécule pour repartir du bon pied dans la vie. Voilà ce qui s'est vraiment passé...

Dans le bureau de Gert Fäller, il y a un long temps de silence. John Kilbraken réfléchit. Tout cela semble se tenir de bout en bout. En plus, il y a beaucoup d'éléments vérifiables, puisqu'ils font référence à des faits qui ont certainement été consignés dans les archives alliées.

Il relève enfin la tête et fixe de nouveau Fleig :

– Et après?

Pour la première fois depuis le début de l'entrevue, Fleig sourit :

– Je me suis donc retrouvé libre avec une nouvelle identité, de l'argent et la localisation exacte du trésor immergé au large de la Corse. Je n'avais plus qu'à aller le chercher mais, pour cela, il fallait d'abord que je sache plonger en scaphandre lourd. Je me suis donc inscrit à un cours de plongée à Hambourg.

» Je ne connaissais rien à la plongée et je me suis vite aperçu, en la pratiquant, que jamais je ne pourrais mener seul l'opération à bien. Il me fallait de l'aide. J'ai donc contacté trois de mes condisciples de l'école de plongée et je leur ai proposé une association...

Arrivé à ce point de son récit, Lord Kilbraken se lève soudain :

– Attendez un instant !

Il se dirige vers une rangée de placards laqués de blanc qui tapissent tout un mur de sa garçonnière londonienne, et en ouvre un. Il est rempli de dossiers qu'il parcourt rapidement de l'œil.

– Non, ils ne sont pas ici, je dois les avoir à Killegar, en Irlande. En tout cas, j'ai quelque part une photocopie de ce contrat d'association passé entre Fleig et les trois autres scaphandriers. Tout y est prévu : les responsabilités de chacun, les modalités exactes du partage, l'engagement de garder le secret quoi qu'il arrive, tout. Même les moyens de se rendre en Corse : chacun doit s'adresser aux autorités françaises d'une ville différente et faire route isolément. Ils se retrouveront sur place.

» Mais tenez, reprend-il en extrayant une liasse d'une chemise en fort carton vert, j'ai là le script de la déclaration de Fleig ce jour-là chez Me Fäller. J'ai noté mot pour mot ce qu'il disait :

« *J'ai donc fait une demande de visa auprès du consul de France à Stuttgart. Quand je suis revenu chercher mon visa, huit jours plus tard, une équipe de policiers français m'attendait. Ils m'ont interrogé pendant des heures. J'ai fini par avouer l'histoire du trésor. Mais j'ai raconté une version complètement fantaisiste. La suite, vous la connaissez...* »

Lord Kilbraken pose les papiers sur la table et reprend place dans son fauteuil :

– J'étais très impressionné, mais encore un peu sceptique. C'est à ce moment que Gert Fäller a posé la main sur un épais dossier qui se trouvait sur son bureau et m'a dit :

» – Herr Kilbraken, j'ai là les papiers qui attestent la véracité de ce que vient de dire mon client. Je les ai étudiés attentivement, et il n'y a aucun doute possible. Seulement, ils contiennent des renseignements capitaux sur l'emplacement exact du trésor, et mon client refuse que je vous laisse en prendre connaissance dès maintenant. Voici donc ce que je vous propose : nous allons établir un contrat entre vous-même, Monsieur Link et mon client Walter K..., que je représenterai. Je m'y engagerai, lorsque l'expédition sera mise sur pied, et une heure avant de larguer les amarres du bateau, à vous présenter ainsi qu'à Edwin Link la totalité des pièces contenues dans ce dossier. Si vous les jugez insuffisantes, vous aurez le droit de tout annuler sur-le-champ.

John Kilbraken accepte le marché. Rendez-vous est pris à Monaco, à bord du *Sea Diver,* pour le mois d'avril prochain, le 17 très exactement.

Ainsi John Kilbraken, après dix ans de recherches, tenait-il enfin la clé du mystère. Ou croyait la tenir, car bien des points restent quand même obscurs dans cette nouvelle version des faits.

Si elle est vraisemblable dans ses grandes lignes, en effet, deux choses au moins étonnent.

D'une part, pourquoi Fleig a-t-il choisi de garder pour lui le trésor certes le plus important, mais aussi le plus compliqué et aléatoire à récupérer ? Faut-il y voir le seul effet de sa naïveté prétendue, ou de sa totale ignorance des choses de la mer ?

D'autre part, cette histoire de faux passeport tchèque donné par les autorités américaines paraît totalement invraisemblable. S'il s'agissait de l'aider, c'était lui faire un curieux cadeau que de lui donner la nationalité d'un pays occupé par les Soviétiques, et de faire en outre de lui un réfugié à la position tout à fait instable. Il était beaucoup plus simple de le renvoyer dans ses foyers avec un certificat le lavant de toute suspicion comme cela se pratiquait. Et s'il fallait vraiment qu'il change d'identité, il suffisait de lui établir des faux papiers allemands le faisant naître à Dresde ou à Hambourg, dont les archives d'État avaient totalement brûlé. Pourquoi la Tchécoslovaquie?

Mais admettons. Dans ce cas, pourquoi avoir établi ces faux papiers sous un vrai nom : Fleig, qui avait été le sien jusqu'à l'âge de quatorze ans? Et surtout, pourquoi avoir changé de prénom? Il y a en effet une règle presque absolue lorsqu'on se fait établir de faux papiers : on change le nom de famille, mais on garde le vrai prénom, celui auquel on répond instinctivement...

Tout cela est bien étrange.

Mais revenons-en à ces dix ans durant lesquels le journaliste John Kilbraken a couru le monde. Car, en Corse, les choses ne se sont pas arrêtées brusquement, comme si un coup de baguette magique avait suspendu toute l'affaire depuis le départ de John Godley, futur Lord Kilbraken.

Bien au contraire : l'affaire bouillonne plus que jamais. Depuis que les autorités françaises ont renoncé à chercher, le champ est libre pour tous les plans, toutes les spéculations, toutes les rumeurs.

10

Il n'y a pas un bar dans Bastia où ne s'échafaudent des associations de recherche, chacune avec ses « tuyaux » en béton armé. Pas une rencontre entre amis où ne circulent des rumeurs. Ainsi celle qui veut que l'affaire des jumelles et de l'appareil photographique ait été montée de toutes pièces par l'ingénieur Rodolphe Loebenberg, de l'entreprise Zagamé. Il aurait tendu ce traquenard à Fleig pour se débarrasser de lui et reprendre, un peu plus tard, les recherches à son compte. Le fait qu'il ait quitté Bastia peu de temps après l'affaire est une preuve suffisante pour beaucoup.

L'ennui est que Rodolphe Loebenberg n'a jamais déposé plainte contre Fleig.

Alors les malins interviennent : c'est Fleig qui a monté toute l'histoire pour se faire arrêter, incarcérer et cesser ainsi d'être obligé de plonger tous les jours pour rien. A sa sortie de prison, il s'est éclipsé et les choses sérieuses ont commencé.

– Mais comment a-t-il pu réussir, seul, sans argent, sans moyens, à poursuivre ses recherches ?

Sourire.

– Mais, cher monsieur, il n'était pas seul : en prison, il avait fait la connaissance d'un scaphandrier de Bastia,

André Mattei, qui a partagé sa cellule durant quelques jours avant d'être libéré car il s'agissait d'une erreur de la police.

» Quand Fleig a été relâché, il est allé tout droit se réfugier dans le village de Poretto, au nord de Bastia, chez Mattei. Comme c'était convenu...

– Mais il paraît, selon Me Rinieri, que c'est un inspecteur de police qui est venu le « cueillir » à sa sortie de prison...

Re-sourire :

– Le même qui a arrêté par erreur André Mattei et lui a permis, en le faisant incarcérer pour quelques jours, de rencontrer tranquillement Fleig dans sa prison, a parfaitement pu, lorsque ce dernier a été libéré, lui rendre le service de le conduire jusqu'à Poretto...

C'est logique.

– Et souvenez-vous de ce qui est arrivé à André Mattei. C'était un homme très discret. Très réservé. Une fois, une seule, un soir d'août 1961, dans un bar de Bastia, alors qu'il avait un peu bu, il a fait allusion au trésor de Rommel. Il a même laissé entendre qu'il en savait long.

» Eh bien, cette nuit-là, il n'est pas rentré chez lui. Ni les nuits suivantes. Trois jours plus tard, à l'autre bout de la Corse, près de Propriano, on a trouvé un cadavre criblé de balles dans le maquis.

» C'était lui.

» Il y a eu une enquête. Un suspect a été arrêté, mis en prison, inculpé, jugé devant la cour d'assises qui l'a acquitté et fait relâcher. Un an après, on a retrouvé son cadavre dans le maquis.

» Ce n'est pas la peine de chercher plus loin : le secret du trésor de Rommel était là. Il a disparu pour toujours avec Mattei et son assassin.

– Mattei ? Rien à voir avec le trésor de Rommel, ou plutôt le prétendu trésor de Rommel car, dans cette histoire, il n'y a que de la fumée !

L'homme qui parle est grand, massif, sûr de lui. Lui aussi a travaillé pendant des années comme scaphandrier en Corse où il réside toujours.

– André Mattei, reprend-il, est bien mort à cause d'un trésor, mais pas celui-là. Il est mort à cause du trésor de *la Sémillante.* Et je sais de quoi je parle, car j'aurais dû être à sa place. Je me suis méfié, je lui ai dit de se méfier, mais il ne m'a pas écouté. Il a cédé au mirage de l'or...

La Sémillante! Encore un trésor corse faramineux, mais tout à fait historique, celui-là.

Dans la nuit du 15 février 1855, la frégate *la Sémillante* franchit le détroit qui sépare la Corse de la Sardaigne. *La Sémillante* a quitté Toulon la veille pour se rendre en Crimée. Elle est armée par 308 hommes d'équipage et transporte 394 soldats destinés à renforcer les troupes françaises dans la guerre qui oppose la France et l'Angleterre aux Russes.

La Sémillante emporte en outre plusieurs coffres remplis de pièces d'or (des « napoléons ») qui représentent la solde des troupes françaises.

La mer, comme souvent à cette époque en Méditerranée, est très dure et le commandant de *la Sémillante* a fait doubler les vigies qui, à l'avant ou dans les hunes, veillent aux écueils particulièrement nombreux dans ce détroit.

A 3 heures du matin, on entend, de la côte toute proche, tirer le canon. *La Sémillante* a heurté un des récifs qui bordent les îles Lavezzi. Elle va disparaître corps et biens. On retrouvera 558 corps qui seront mis en terre dans les îlots de Fureone et du Briquet.

Les parages des îles Lavezzi sont parsemés d'épaves de toutes les époques : galères, trirèmes, felouques ou galéasses. Des dizaines d'expéditions ont tenté – et tentent toujours – de retrouver le trésor de *la Sémillante...*

– Ce trésor, cher monsieur, beaucoup de gens l'ont cherché. Sans autorisation, bien sûr, et nous, les scaphandriers, nous étions aux premières loges. Moi, j'ai toujours refusé de chercher les trésors, car il n'y a que deux issues possibles : ou on ne trouve pas, et on a perdu son temps, ou on trouve, et les règlements de comptes commencent. N'oublions pas que nous sommes en Corse.

» Aussi, quand une équipe pas très catholique et que je connaissais bien est venue me proposer de participer avec mon matériel à une opération de recherche du trésor de *la Sémillante*, j'ai répondu non sans hésiter. Ils ont beaucoup insisté, me disant qu'ils étaient sûrs de leur affaire. Non! Qu'il y avait des millions à gagner. Non! Sans aucun risque. Non! Bref, non sur toute la ligne.

» Huit jours après, Mattei venait me voir. Nous étions amis. Il avait confiance en moi. Dès qu'il a commencé à me parler de *la Sémillante*, j'ai compris qu'ils lui avaient fait la même proposition qu'à moi. Il était très tenté. Je lui ai dit ma façon de voir. Il m'a écouté, sans un mot, et il est reparti. Je sentais que je ne l'avais pas convaincu.

» Deux mois après, il disparaissait après avoir parlé du trésor dans un bar. On a mis cela au compte du trésor de Rommel, car tout le monde ne pensait qu'à cela... Il faut dire que, chaque année, il y avait une nouvelle expédition de recherche...

Et c'est vrai : durant ces dix ans qui séparent le voyage de John Kilbraken en Corse de l'expédition d'Edwin Link, des dizaines d'équipes se sont lancées, plus ou moins sérieusement et plus ou moins discrètement, dans l'aventure.

1951. Un avocat de Nice, Me Cancellieri, s'est passionné pour cette histoire de trésor qui a défrayé les journaux.

Mais il a fait mieux : il possède une maison à Luciana, un petit village au sud de Bastia, juste en face de l'embouchure du Golo. Me Cancellieri est un homme affable, courtois, à l'esprit très pénétrant et d'une très grande probité. En octobre 1948, de passage en Corse, il a rencontré Fleig et l'a invité chez lui. Fleig, mis en confiance, lui a raconté ses déboires avec l'administration française – qui, à son avis, s'est moquée de lui – et lui a laissé entendre qu'il se contentait de faire semblant de chercher tout en attendant une meilleure occasion. C'est ensuite l'épisode de la prison, et de la disparition à la sortie.

Mᵉ Cancellieri mourra en 1957. Entre 1948 et 1957, il y a un petit mystère : il va en effet passer pour l'homme qui connaît tout sur le trésor et possède un volumineux dossier. A sa mort, les journaux reviendront sur l'affaire Fleig et affirmeront que ce dossier est désormais en la possession de sa fille Lucie et de son gendre qui vont reprendre les recherches.

Lucie M..., la fille de Mᵉ Cancellieri, est médecin. Elle vit aujourd'hui en Corse et se souvient très bien de l'année 1948 :

– J'étais en dernière année de médecine et je me suis trouvée en vacances à Luciana au moment de l'affaire. Je n'ai jamais vu Peter Fleig à la maison. En revanche, j'ai souvent vu un certain Freddy, un ami de mon père, qui discutait avec lui de cette affaire pendant des soirées entières. Je me souviens qu'il était plutôt petit, massif, et portait la barbe.

» C'est vrai, mon père était tout à fait passionné par ce trésor, mais il n'a laissé aucun dossier et nous n'avons jamais eu l'intention, mon mari et moi, de nous lancer dans cette aventure que nous n'avons jamais prise très au sérieux.

C'est pourtant Mᵉ Cancellieri qui, à Nice, va convaincre John Kilbraken de la réalité du trésor :

– Il avait procédé à de multiples recherches dans les archives administratives, possédait des renseignements très précis et avait même monté une expédition avec son ami Henri Helle...

Henri Helle ! Une des plus étonnantes figures de ces années de l'immédiat après-guerre, où toute la Méditerranée le connaît sous le nom de « Monsieur H... ».

Monsieur H... est « négociant en haute mer ». Il faut entendre par là qu'il achète le plus légalement du monde à Tanger – zone franche à l'époque – des cigarettes américaines hors taxe, les transporte sur des vedettes rapides rachetées aux surplus américains jusqu'au large des côtes italiennes et les revend à des contrebandiers italiens qui viennent les chercher en dehors des eaux territoriales.

Monsieur H... ne sort pas une seconde de la légalité, car le commerce de haute mer est libre. Mais il ne faudrait pas croire pour autant qu'il s'agisse là d'une affaire de tout repos. Les bénéfices sont en effet tellement fantastiques qu'ils éveillent bien des convoitises. Tout ce que la Méditerranée compte de petits ou de grands truands est aux basques de Monsieur H...

Il racontera bien des années plus tard cette époque trépidante de sa vie pleine de naufrages, de poursuites en mer, d'abordages et autres épisodes plus palpitants que les plus délirants des romans d'action [1].

Et puis, il y a aussi les douaniers. S'agissant de contrebande, on ne peut quand même pas les tenir pour quantité négligeable.

Or toutes les douanes de la Méditerranée occidentale connaissent parfaitement le trafic de Monsieur H... Tant que cela se passe en haute mer, ils ne peuvent rien faire qu'attendre. Attendre quoi ? Tout simplement que Monsieur H..., par fortune de mer, soit obligé de toucher la côte. Là, le délit sera constitué.

C'est ce qui va se produire en 1951. Son bateau du moment, le *Greghali*, est un magnifique trois-mâts goélette en teck rivé et doublé de cuivre. Il a été construit en 1906 dans un des meilleurs chantiers anglais, jauge plus de 100 tonneaux en net et est propulsé à 9 nœuds par deux moteurs Willieme de 100 chevaux chacun.

Le 28 février 1951, le *Greghali* appareille de Tanger avec 950 caisses de cigarettes à bord. Destination officielle : Cor-

1. *« Monsieur H..., négociant en haute mer »* Ed. Robert Laffont, 1974.

fou. Destination réelle : quelque part dans le golfe de Gênes, au-delà des eaux territoriales italiennes, bien sûr.

Monsieur H... n'est pas à bord. Il ignore donc que le capitaine à qui il a confié le commandement du bâtiment a embarqué ivre mort et s'est enfermé dans sa cabine en se contentant de donner un cap à l'homme de barre, une fois la sortie du port effectuée. Un cap qui mène le *Greghali* tout droit sur un banc de sable en face d'Almeria, dans les eaux territoriales espagnoles, où le bateau s'échoue.

La revanche de la douane commence. D'abord, tout l'équipage part en prison et Monsieur H... venu en avion pour débrouiller l'affaire, le rejoint.

Le procès va durer des mois et des mois avec de rocambolesques rebondissements. Bien entendu, il va le perdre. Non qu'il ait tort en droit, mais parce que les autorités locales se sont approprié les 950 caisses de cigarettes sans attendre la sentence et seraient bien en peine de les restituer.

Pour Henri Helle, le coup est dur, mais il en a connu d'autres et il a un principe très sain dans ces cas-là : d'abord, des vacances, après, on verra.

Il rentre donc à Nice et retrouve ses vieux copains. Il y a là son ami, le commandant Cousteau, dont le scaphandre est en train de révolutionner la plongée sous-marine. Tiens ! Il serait amusant d'aller l'essayer, ce fameux scaphandre. On pourra plonger sur des épaves...

C'est alors qu'Henri Helle reçoit la visite de Me Cancellieri à qui il explique ses projets de vacances. Des épaves ? Mais il y a bien mieux que cela ! Il y a le trésor de Rommel !

Henri Helle a entendu parler de ce fameux trésor, comme tout le monde. Il sourit :

– Vous y croyez, mon cher Maître, à cette histoire ?

– Oui.

Et Me Cancellieri explique pourquoi il y croit : il a rencontré Fleig, qui lui a raconté ses tribulations. L'homme lui a fait très bonne impression. Le seul ennui, c'est que la zone indiquée par Fleig, face à l'embouchure du Golo, est vaste, très vaste. En mettant les choses au mieux, et à supposer que les points de repère indiqués par Fleig soient à peu près justes, cela représente un « carré probable » d'un nautique de côté. 1852 mètres sur 1852 mètres! Trois millions et demi de mètres carrés!

Là est toute la difficulté.

Henri Helle a écouté avec beaucoup d'attention. Il réfléchit pendant quelques instants.

– Non, ce n'est pas forcément impossible. Ou plutôt, c'est impossible si l'on veut trop bien faire. Évidemment, il est tentant de s'en remettre à de l'équipement sophistiqué : sonar ou détecteur magnétique. Nous sommes sur un fond de sable tout à fait plat. Les caisses, donc, font saillie. Ces saillies, le sonar peut les détecter. Par ailleurs, elles sont en fer. Un appareil du style détecteur de mines peut donc les trouver.

« Mais tout cela, c'est de la théorie. Dans la pratique, il faut passer pile au-dessus des caisses pour que l'un ou l'autre des deux appareils réagisse. Même en découpant la zone en carrés et en la ratissant avec soin, on a toutes les chances de passer à côté à deux mètres près.

Henri Helle se tait et reste songeur.

– Alors? demande Me Cancellieri.

– Alors, enchaîne Henri Helle après avoir laissé planer le silence quelques secondes encore, il y a peut-être une solution... La méthode chinoise...

– C'est-à-dire?

– Quand les Chinois veulent construire un barrage, ils ont d'abord un problème à résoudre : comment transporter des millions de mètres cubes de terre quand on n'a ni pelleteuse, ni camions? Eh bien c'est tout simple : ils prennent dix mille paysans avec une pioche et dix mille paysans avec un panier. Les uns remplacent les pelleteuses et les autres les camions...

Nous allons faire pareil : nous remplacerons le matériel par des bonshommes. Pas dix mille, bien sûr, mais six. Six plongeurs équipés de scaphandres autonomes et progressant en ligne de front, à distance de visibilité. A quarante mètres de profondeur, ils nageront à sept mètres les uns des autres. Cela fait une ligne de repérage visuel, sans faille, de cinquante mètres de large...

Le succès semble à portée de main.

11

Le 23 juin 1952 dans l'après-midi, le yacht *Starlena,* venant de Nice, s'amarre dans le port de commerce de Bastia. Il transporte Henri Helle, qui l'a affrété, Me Cancellieri, cinq « hommes-grenouilles » comme on appelle alors les plongeurs en scaphandre autonome, et deux hommes qui constituent l'équipage du bateau.

La soirée se passe à mettre au point les derniers détails de l'expédition et à vérifier une fois de plus le matériel. La zone probable a été soigneusement définie sur la carte. Les bouées de balisage, qui serviront à la découpe en carrés facilement explorables, sont prêtes. Bouteilles, détendeurs, compresseur, treuil électrique, sondeur, tout fonctionne.

Il est entendu que la matinée du 24 juin sera utilisée à compléter les deux ou trois bricoles qui pourraient être utiles, et que l'appareillage aura lieu à midi pour une première exploration du secteur et la définition des points de repère à la côte – « d'amers », comme disent les marins.

Le 24 juin au matin, le port de Bastia est en fête. Le *Sampiero Corso,* le tout nouveau courrier destiné à assurer les liaisons entre la Corse et le continent, effectue sa traversée inaugurale. Il y a foule sur les quais et l'orphéon municipal accorde ses instruments en attendant d'attaquer une *Mar-*

seillaise qui, comme à l'habitude, menace de se défendre vigoureusement.

Il est 10 h 30. L'arrivée du *Sampiero Corso* est prévue pour 11 heures, mais déjà le moteur de la vedette du pilotage crachote. La règle, en effet, est formelle : tout navire de plus de cinquante mètres doit être amené à quai par un pilote du port.

Mais, pour l'heure, ce n'est pas cette vedette que la foule regarde. C'est le *Starlena*. Si son équipage pensait passer inaperçu, c'est raté. Pis encore : le bruit s'est répandu comme une traînée de poudre qu'il s'agissait – encore – d'une expédition de recherche du trésor de Rommel. Il est vrai qu'à cette époque – tout comme aujourd'hui d'ailleurs – il était impossible d'arriver dans la région de Bastia avec du matériel pouvant servir à une recherche sous-marine, sans éveiller une attention tout aussi certaine que la suspicion qui l'accompagne...

Il y a soudain une clameur dans la foule : la vedette du pilotage appareille ! Le *Sampiero Corso* arrive ! L'orphéon s'aligne. Les personnalités vêtues de noir et cravatées font de même. La vedette disparaît derrière le môle et déjà on aperçoit, par-dessus la jetée, les superstructures du paquebot qui s'approche à petite vitesse.

La suite va ressembler à un mauvais gag : hélices différenciées, courant sur son erre, le vaste paquebot pénètre dans le port. Cent cinquante mètres de quai lui sont réservés, sur lesquels attendent les marins chargés de saisir et de tourner ses amarres.

Une manœuvre sans aucun problème : il n'y a aucun vent et le pilote connaît son affaire; cela fait plusieurs années qu'il amarre des navires. Et, brusquement, c'est l'incompréhensible : au lieu de glisser tranquillement jusqu'à son poste, le *Sampiero Corso* bat en arrière de sa ligne d'arbre bâbord, fait un crochet et vient irrésistiblement, de ses vingt mille tonnes, s'appuyer sur le *Starlena* qu'il éventre contre le quai avant de se retirer dans un bouillonnement d'écume sale.

Sur le quai, c'est la stupeur. Tout le monde retient son souffle et l'orphéon en oublie de jouer.

La mission du *Starlena* prend ainsi fin avant même d'avoir commencé.

Hasard? Peut-être, mais il ne va pas manquer de gens pour laisser entendre que le hasard, en l'occurrence, a un peu trop bien fait les choses. Et pour affirmer sans aucune preuve qu'il y avait, quatre ans plus tôt, à l'époque où Fleig fouillait devant le Golo, un pilote du port qui suivait les opérations de très près...

La malchance va s'acharner sur Henri Helle. Le *Starlena*, ses brèches hâtivement obturées, est remorqué jusqu'à Nice où il va rester plusieurs mois au sec. Henri Helle est obligé de renoncer à son projet. Il va rester une quinzaine de jours dans le cap Corse, à Macinaggio, avec sa compagne et quelques amis. Au programme : « nudisme, beauté, pêche sous-marine et joie de vivre. D'inoubliables vacances... »

Mais les vacances ont une fin. Les affaires reprennent sur les chapeaux de roue avec un nouveau bateau : L'*Angus N° 2*, destiné à remplacer le malheureux *Greghali.* Il est trois fois plus gros, trois fois plus puissant, et transporte cinq fois plus de caisses de cigarettes! La roue de la fortune repart plus vite que jamais.

Tanger, golfe de Gênes, côtes de la Sicile, Tanger de nouveau. A chacun de ses voyages, Henri Helle fait une escale à Nice pour retrouver Ruth, sa compagne. Ruth, d'origine allemande, est née à Berlin. Elle a la nationalité américaine. C'est une fille splendide et Henri Helle en est très amoureux. Aussi est-il tout heureux, en ce jour de juillet 1952, alors qu'il revient de Tanger, de la retrouver à l'aéroport de Nice.

Elle se précipite vers lui, les yeux brillants, et l'embrasse avec passion :

– Chéri! Chéri! C'est la fortune!

Henri Helle est un peu interloqué :

– Quelle fortune?

– Le trésor de Rommel!

– Eh bien?

– Eh bien il est à nous! Pendant que tu étais à Tanger, j'ai eu la visite de Peter Fleig. Nous avons longuement discuté en allemand, ce qui pour Peter était bien agréable car il balbutie à peine le français...

Dans ses Mémoires, Henri Helle donne à partir de cet instant une explication qui sonne un peu faux. Il demande à Ruth : « Pourquoi diable Peter Fleig est-il venu me trouver, moi, Henri Helle? »

Et Ruth lui répond : « Parce qu'il sait que tu as plongé avec Cousteau, que tu connais bien la Corse, que tu as de l'argent, que tu es un homme de parole et que tu aimes suffisamment l'aventure pour être intéressé par sa proposition. Du reste, je lui ai dit que tu accepterais certainement. Il est reparti en voyage. Il sera de retour le 15 août. Il faut que tu sois prêt à ce moment-là. Il m'a dit qu'il fallait juste une grosse vedette, un compresseur et quelques scaphandres Cousteau. Je lui ai promis que le 15 août, tu serais paré... »

Bizarre, bizarre... Fleig est la méfiance même. Tout ce que l'on peut savoir jusque-là de lui le prouve. Et voilà qu'il vient se présenter chez un parfait inconnu dont il ne peut avoir entendu parler que par des articles de journaux le présentant – à tort d'ailleurs, car il a toujours été honnête – sous un jour pas très favorable.

Il semble plutôt qu'Henri Helle, dans cette partie de ses Mémoires, ne dise pas toute la vérité. Cela par délicatesse : il ne veut pas parler de son ami Me Cancellieri.

C'est pourtant le seul lien possible. Il faut donc penser que Peter Fleig, après sa disparition de 1948, avait repris contact avec Me Cancellieri en qui il avait toute confiance. Et que celui-ci avait organisé une rencontre à Nice.

Henri Helle s'est lancé dans sa nouvelle aventure. D'abord, il faut un bateau. Il en a un en vue, qu'il a d'ailleurs déjà utilisé pour des transports de cigarettes : le *Romany Maid* (La Fiancée du Gitan). Il appartient à Edmund Randolph Pears, commandant en retraite de la Royal Navy et parfait gentleman qui vit sur la Côte d'Azur et, lorsqu'il ne l'utilise pas, loue son bateau à de riches amateurs sans se douter que, si lui-même est anglican, certains de ces riches amateurs ne sont pas toujours très catholiques.

Toujours est-il que le *Romany Maid* est une grosse vedette de vingt-cinq mètres propulsée par deux diesels Gray Marine de 225 chevaux. Vitesse économique 10 nœuds. Croisière rapide 15 nœuds. Vitesse maximale 20 nœuds. Lorsqu'il l'a loué pour la première fois, Henri Helle l'a fait équiper – avec l'accord du propriétaire – de réservoirs supplémentaires qui lui confèrent une sérieuse autonomie. Bref, le bateau idéal.

Justement, le *Romany Maid* est à Antibes. Accord est rapidement pris : c'est Ruth, citoyenne américaine, qui l'affrète pour une période de deux mois, renouvelable, à dater du 5 août 1952. Il reste dix jours pour équiper le bateau avant le départ. Fleig a en effet annoncé son arrivée pour le 15. En outre Henri Helle a décidé d'utiliser le *Romany Maid* pour surveiller un transbordement de cigarettes en haute mer dans la nuit du 18 au large de l'île d'Elbe. C'est son dernier transbordement, puisqu'il a décidé d'abandonner le « négoce en haute mer ».

Le 15 août en début d'après-midi, tout est prêt. Le compresseur est solidement arrimé sur le pont, il y a dans la soute huit équipements de plongée, des bouées pour marquer la zone et des parachutes pour remonter les caisses.

Il ne manque que Fleig, mais ce n'est pas grave. S'il n'est pas là le 16 au matin, il rejoindra à Bastia. Le seul point un peu épineux est que tous ces préparatifs ne sont pas passés inaperçus. Or, quand « Monsieur H... » se trouve sur un bateau dans un port français, la douane n'est jamais très loin.

Et jamais inattentive. C'est ennuyeux car il y a cette dernière transaction. 52 000 dollars. Ce n'est pas le moment de sa faire épingler.

Comment donner le change?

La solution va se présenter d'elle-même, sous la forme d'un ami rencontré sur le quai. Il traîne à sa remorque un reporter de *France-Soir,* André Coste, qui, en cette période estivale, glane l'information là où elle se trouve : sur la Côte d'Azur.

Un journaliste! Quelle excellente occasion de donner le change à la douane! Henri Helle s'étend donc avec complaisance sur ses projets de recherches sous-marines, espérant bien qu'André Coste va en parler autour de lui et... que cela reviendra aux oreilles des gabelous.

Le résultat va, hélas, dépasser ses espérances...

Le *Romany Maid* appareille le 15 août au soir par une mer d'huile, cap sur l'Ile-Rousse, à l'est de Calvi. Mais le mistral se lève dans la nuit, et lorsqu'il arrive à l'Ile-Rousse à 7 heures du matin, la mer est déchaînée. Il faut attendre que le temps se calme avant de repartir pour Bastia.

A 17 heures, Henri Helle prend un verre à la terrasse d'un bar tout en regardant le courrier du continent débarquer son lot de touristes. Il apporte aussi les journaux et là, c'est la surprise : *France-Soir,* le journal d'André Coste, étale en première page un titre énorme : COURSE AU TRÉSOR AU LARGE DE LA CORSE. LE « ROMANY MAID » A QUITTÉ ANTIBES À LA RECHERCHE DU BUTIN FABULEUX DE ROMMEL : 100 MILLIARDS...

Trois colonnes en première page et trois colonnes en deuxième page!

Henri Helle rit jaune :

– S'il y a une chose qu'il faut éviter en Corse, explique-t-il, c'est d'évoquer le trésor de Rommel : cela risque toujours de tourner au vinaigre car, si le trésor est bien ici, les Corses estiment qu'il leur appartient et voient d'un très mauvais œil ceux qui viennent fouiner dans leurs plates-bandes...

La mer se calme et le *Romany Maid* peut reprendre sa route sur Bastia où il fait son entrée à 8 heures du matin le dimanche 17 août. Avant même qu'il soit 9 heures, c'est la cohue sur le quai. L'article d'André Coste a fait son œuvre et les appareils photographiques crépitent dans le feu des questions qui fusent de toutes parts. Henri Helle doit se résigner à y répondre : oui, il s'agit bien d'une nouvelle expédition de recherche. Non, elle n'est pas officielle : c'est une riche américaine, Mme Ruth X... qui la commandite. Oui, Peter Fleig y participe. Non, il n'est pas à bord : on l'attend ici, à Bastia.

A 11 heures du matin, excédé, Henri Helle se réfugie chez Me Cancellieri où il va vivre une journée d'amitié. A 11 heures du soir, quand il regagne son bord, il note sans y accorder d'autre importance qu'un aviso de la Marine nationale est amarré à une encablure du *Romany Maid.*

Lundi 18 août 1952. 8 heures du matin. Le *Romany Maid*, moteurs au ralenti, franchit les jetées du port de Bastia, puis met le cap au sud, vers le Golo. Tiens, l'aviso a appareillé lui aussi. Tiens, il vient au même cap. Le temps est magnifique. La mer, plate comme un miroir. Henri Helle pousse les gaz, les deux moteurs Gray Marine 450 chevaux se déchaînent. 15 nœuds. 18 nœuds. 20 nœuds.

A un demi-nautique derrière eux, deux éventails d'écume blanche se déploient de part et d'autre de l'étrave de l'aviso, comme s'il calquait sa vitesse sur celle de la *Romany Maid.*

A cette allure, la zone du Golo est vite atteinte. Henri Helle baisse le régime et découple les hélices. Le *Romany Maid* court sur son erre et s'immobilise. Le sondeur donne un fond de 25 mètres. L'ancre est larguée avec cinquante mètres de chaîne. Henri Helle serre le frein du guindeau et se redresse à l'instant même où, à deux cents mètres à peine, l'aviso, immobile, jette lui aussi son ancre.

Si ce n'est pas une « filature » dans les règles, c'est bien imité. En tout cas, impossible de travailler sérieusement avec ce voisinage encombrant.

Que faire? Plonger pour s'amuser et passer le temps. Henri Helle et son ami enfilent donc leurs combinaisons de plongée, endossent leurs bouteilles d'air et se préparent à sauter dans l'eau. Un coup d'œil vers l'aviso : une dizaine de nageurs de combat entièrement équipés sont prêts à plonger.

« Nous nous mettons à l'eau, et, au bout de cinq minutes, nous apercevons sous l'eau, autour de nous, les plongeurs de l'aviso; ils se tiennent respectueusement à une dizaine de mètres et observent nos faits et gestes... »

La plaisanterie va durer quatre jours durant lesquels Henri Helle va tout tenter pour décourager l'équipage de l'aviso : sortir des eaux territoriales, filer à 20 nœuds jusqu'à l'île d'Elbe, monter jusqu'au nord du cap Corse. Peine perdue : l'aviso est toujours là et, dès qu'ils se mettent à l'eau, l'escorte des nageurs de combat les encadre.

C'est sans espoir. Henri Helle décide d'abandonner la recherche.

Ce sera là la seconde et dernière tentative d'Henri Helle et de Me Cancellieri. Ce dernier va pourtant essayer, durant plusieurs années, de mettre sur pied d'autres expéditions. Mais aucune des différentes compagnies de récupération qu'il contactera n'acceptera de se lancer dans l'affaire.

Me Cancellieri est mort mais aujourd'hui encore, en Corse, ils sont nombreux à penser qu'il avait la clé de l'énigme.

C'est douteux. D'abord, parce que la méthode de recherches envisagée – le ratissage systématique d'une large zone – tendrait à prouver le contraire. Il est vrai que c'était en 1952, et qu'il aurait pu, ultérieurement, apprendre d'autres détails.

Cet échec, en tout cas, ne va pas décourager les vocations, dont l'une, bien que née il y a trente-deux ans aujourd'hui chez un homme qui a, entre-temps, connu une gloire mondiale, est toujours aussi vivace.

12

22 juillet 1990. Un soleil de plomb écrase le cap Corse. La mer serait d'huile si la noria des « car-ferries » italiens qui joignent Bastia à Livourne, Gênes ou La Spezia, n'y faisait naître une courte houle dans laquelle le *Sea Leopard* roule d'une hanche sur l'autre. Moteur à 1 000 tours, compas au 180, le cap Corse défile lentement sur tribord.

Hier, au téléphone, la voix était chaleureuse :

– Le trésor de Rommel ? Ah, ah, vieille histoire... Si je veux bien en parler ? Pourquoi pas... Écoutez, vous connaissez Miomo ? La petite plage ? Il y a là un restaurant, le Casanova ; c'est mon beau-frère. Rendez-vous à 13 heures.

Clac ! Michel Carrega a déjà raccroché.

Tous les amateurs de tir au monde connaissent le nom de Michel Carrega, qui collectionne les médailles de champion olympique et les titres de champion du monde. Ce qu'ils ignorent souvent, c'est que Michel Carrega est l'homme de tous les talents. Musicien de renommée internationale, il aurait pu tout aussi bien jouer sans être doublé le rôle principal du *Grand Bleu*.

Car Michel Carrega est aussi un plongeur hors pair qui, pour son plaisir, effectue aujourd'hui encore des plongées à cent mètres.

Cela a d'ailleurs été son premier métier, à l'époque de ses vingt ans, et c'est alors qu'il a cédé lui aussi à l'éclat trouble de ce trésor englouti.

A trois cents mètres au large, tandis que le *Sea Leopard* pique vers la plage de Miomo à vitesse réduite, nous fouillons la côte à la jumelle. La tour génoise dont les pieds baignent dans l'eau bleue ou verte selon la nature du fond – sable ou herbes – constituera un point de repère idéal. Le restaurant, rectangle massif à la terrasse fleurie de parasols, lui fait suite. Un escalier descend à la plage où se dore l'habituelle cohorte des vacanciers.

Moteur débrayé, l'ancre plonge vers le fond de posidonies dans un cliquetis de chaînes, à la limite de la zone de baignade marquée par une ligne de bouées jaunes. Déjà le moteur de l'annexe ronronne. Il n'y a plus qu'à se faufiler à vitesse réduite entre les baigneurs pour aller s'échouer dans le léger ressac qui roule éternellement le sable épais de la plage. Michel Carrega est là. Grand, massif, l'œil souriant, la poignée de main amicale :

– Nous vous attendions. Tout est prêt. Nous passons à table...

– Vous croyez à l'existence du trésor de Rommel?

Michel Carrega sourit et déplie sa serviette :

– Si j'y crois? Oui! J'ai même, avec un ami, consacré pas mal de mois à le chercher. Presque deux ans.

– A quelle époque?

– Entre 1958 et 1960. Avant de quitter la Corse pour aller corailler sur le continent.

– Vous aviez des renseignements précis?

Nouveau sourire :

– Précis, non. En fait, mon ami avait rassemblé tout ce qui se disait sur cette affaire, et Dieu sait qu'il traînait des légendes en Corse! Mais dans la pratique, le butin était maigre : le trésor, qui se composait d'un certain nombre de caisses – les uns disaient six, les autres onze – avait été indiscutablement immergé en 1943, mais...

– Vous dites « indiscutablement ». Pourquoi?...

Là, Michel Carrega éclate de rire :

– Mais vous voulez tout savoir, vous! Dites-moi, vous ne seriez pas en train de le chercher, ce trésor? Parce que si c'est cela, je viens avec vous!...

– Vous le cherchez toujours?

– Non. A vrai dire, entre les compétitions internationales et mon travail d'instructeur de l'équipe de France, je n'ai plus vraiment le temps... Mais ça reste quand même un rêve et... disons un jeu. Nous avons même fait avec mon ami Jack Franchi un film, une parodie de James Bond, sur le trésor. Nous irons le voir tout à l'heure à la maison si vous voulez...

» En attendant, revenons-en à notre question. J'ai dit « indiscutablement » parce que l'ami avec qui je faisais équipe sur cette affaire avait retrouvé un pêcheur qui était à Bastia en septembre 1943 et qui, un des derniers jours avant la libération de la ville par les tabors marocains, avait vu les Allemands embarquer au port quelque chose. Quoi, mystère. Mais ce qui est certain, c'est que ce quelque chose était escorté de SS, fusil d'assaut à la main et qui n'avaient pas l'air de plaisanter. Ça s'était passé sur un petit musoir qui existe toujours d'ailleurs et cela pourrait tout à fait être ce fameux trésor...

» Après, mystère. Ce trésor s'est retrouvé à la mer, dans la région de Bastia, à la suite de circonstances troubles...

– Alors?

– Alors nous avons décidé de prendre le taureau par les cornes et de tout explorer, depuis le Golo jusqu'à Macinaggio, au nord. Un travail de Titan. Nous avions une vedette équipée d'un sondeur très précis et, à la moindre anomalie dans les fonds entre trente et quarante mètres, je plongeais.

» J'ai retrouvé de tout. Des pneus, des barges, des vedettes, des avions, mais jamais de caisses. Et pourtant, je suis certain qu'elles sont là, quelque part. Peut-être juste devant nous, face à ce cap ou devant la petite crique que l'on devine derrière. Et je suis certain aussi que quelqu'un le retrouvera un jour. Mais sûrement pas une équipe de recherche avec du matériel lourd et sophistiqué. Cela se fera pas hasard, au cours d'une plongée toute bête faite par un vacancier ou un corailleur. Il verra, dans le bleu trouble de l'eau, des formes géométriques et s'approchera pour voir. Les caisses seront là, éparses et recouvertes de concrétions. Chacune cerclée de chaines rouillées...

Seulement, il faut bien dire qu'il y a fort peu de chances pour que cela s'étale dans les journaux, comme c'est arrivé à Jean-Napoléon de Peretti, de Porto-Vecchio, dont l'aventure mérite d'être contée car elle montre bien comment s'alimente une légende.

Nous sommes en 1969. Jean-Napoléon de Peretti, 35 ans, vit à Porto-Vecchio où il exerce la profession d'agent immobilier. Il a une passion dans la vie : la chasse sous-marine, dans laquelle il excelle. Au physique, les journaux de l'époque – car son aventure va déclencher une avalanche d'articles – le décrivent comme « grand, costaud, crâne rasé, regard clair, visage tanné par les embruns ». Bref, la silhouette idéale pour une histoire de trésor.

Comme tout le monde, il a entendu parler du trésor de Rommel, mais toute cette histoire le fait sourire, et c'est à tout autre chose qu'il pense, ce jour de mai 1969 où, une fois de plus, il est allé « taquiner le mérou ». Il est près de l'îlot de la Vacca, un petit massif rocheux à cinq nautiques de la côte, et vient de repérer, au cours d'une apnée à une trentaine de mètres, un mérou d'une bonne trentaine de livres. Une pièce de choix, mais particulièrement méfiante.

Jean de Peretti, arbalète en main, reprend calmement son souffle en surface puis, après une longue inspiration, se casse en deux et pique vers le fond. L'eau, ce jour-là, est très claire et il n'est encore qu'à une dizaine de mètres de profondeur que déjà, dans un chaos rocheux, il voit poindre le museau du mérou.

Mais, la bête, elle aussi, l'a vu. Le mérou se tient habituellement dans une anfractuosité de rochers. Lorsqu'il a peur, il s'enfonce dans l'anfractuosité et disparaît. Mais celui-ci ne va pas procéder ainsi. La faille est probablement trop petite et ne constitue pas un abri sûr. Il en sort comme une flèche, tourne un tombant et disparaît. Jean de Peretti modifie son angle de descente et tourne à son tour le tombant.

Et là, il tombe nez à nez avec un spectacle inattendu...

– Il y avait une grotte, expliquera-t-il le soir même dans un bar à quelques amis chasseurs eux aussi. Je m'en suis approché en quelques coups de palmes et là, surprise : au fond de la grotte, il y avait des épaves. Un tas de choses en vrac dont des caisses...

Des caisses ! Dans une grotte ! A une trentaine de mètres de profondeur ! A plus de trois nautiques de la côte ! Il n'en faut pas plus pour que l'affaire se répande comme le feu sur une traînée de poudre : on a trouvé le trésor de Rommel ! Les téléphones sonnent. Les télex crépitent. Les manchettes s'étalent dans tous les journaux et Jean-Napoléon de Peretti a beau expliquer que tout cela ne tient pas debout, qu'il n'a rien vu d'intéressant, qu'il a fait allusion au trésor de Rommel sous forme de boutade, rien n'y fait.

Cette fois, c'est sûr ! D'ailleurs, il y a un témoin ! Quelqu'un qui sait tout ! Qui était là en 1943 ! Qui a tout vu ! Qui consent enfin à parler ! C'est un berger. De sa maison qui domine, là-haut dans les terres, le golfe de Porto-Vecchio, il s'est institué le gardien du trésor. Un gardien qui ne plaisante pas, d'ailleurs : en vingt-cinq ans, il a accumulé chez lui de quoi armer une compagnie et il scrute la mer toute la journée, prêt à intervenir si quelqu'un côtoie le trésor de trop près.

On le considérait comme un vieil original. Il devient un oracle que l'on consulte. Tout le monde en effet se souvient des premières déclarations de Fleig, en 1948, à Bastia : il avait tout d'abord affirmé avoir descendu lui-même les caisses et les avoir stockées dans une grotte sous-marine, à 35 mètres de fond. Il n'avait changé de version que lorsqu'on lui avait fait remarquer qu'il n'y avait aucune zone rocheuse devant le Golo.

Eh bien voilà ! Il avait dit la vérité. Il n'avais menti que sur l'endroit : toute l'aventure ne s'était pas passée à Bastia, mais à Porto-Vecchio.

L'histoire prend une telle ampleur que Jean-Napoléon de Peretti est interviewé par les gendarmes. Non pas que ces derniers, prudents par nature, croient plus que lui à l'existence du trésor, mais parce que des bruits fâcheux se répandent maintenant dans l'opinion publique. On dit que les fameuses caisses sont remplies d'obus chargés d'un gaz mortel. On dit aussi qu'elles contiendraient des déchets radioactifs qui empoisonneraient lentement le golfe de Porto-Vecchio.

– Je vous assure, réitère Jean-Napoléon de Peretti, qu'on a fait une montagne d'une plaisanterie de bar. Il n'y avait dans la grotte que des débris...

Mais l'affaire est allée trop loin. Les autorités locales, inquiètes, demandent avec insistance au préfet d'organiser des recherches. On parle de faire venir les nageurs de combat de la Marine nationale.

En fait, ce sont les plongeurs de la gendarmerie qui, sous les ordres du colonel Royer, commandant la légion de gendarmerie de la Corse, vont effectuer les recherches. Pendant une semaine, ils vont explorer toutes les anfractuosités de l'îlot de la Vacca... et finir par trouver la grotte.

Bilan : quelques obus, une caisse en bois éventrée et vide, un réservoir d'essence percé, une ancre rouillée et deux chaînes.

Le tout sera dûment rapporté à quai et présenté à la presse le mercredi 5 juin 1969... Sans pourtant convaincre tout le monde, car il est bien difficile de devoir renoncer à un rêve doré!

Un rêve doré qu'une expédition ultrasecrète – et néanmoins connue de tout le monde – a relancé quelques années plus tôt.

L'expédition d'Edwin Link.

13

Nous sommes cette fois, en avril 1963. Le 17 très exactement. John Kilbraken et Robert Stenuit ont rallié depuis deux jours le *Sea Diver* d'Edwin Link qui, après une traversée de l'Atlantique sans histoires, a franchi le détroit de Gibraltar, contourné les Baléares et jeté ses amarres à Villefranche-sur-Mer.

L'après-midi tire à sa fin. Il fait un extraordinaire temps de printemps, ciel radieux et soleil déclinant – il est 18 heures – dont profite l'équipage pour se prélasser, verre en main, sur la plage arrière. Un verre bien gagné, d'ailleurs, car le travail n'a pas manqué depuis l'arrivée au port, une semaine plus tôt. Le *Sea Diver* est en effet un véritable laboratoire électronique flottant. Les problèmes propres à l'électronique s'ajoutent donc à ceux de la navigation et tout cela demande beaucoup de soin. C'est là le domaine de Daniel Eden, le *chief engineer*. Mais, pour l'heure, il a l'esprit en repos, tout fonctionne à bord et il peut écouter Edwin Link expliquer à John Kilbraken comment il est passé du piano mécanique aux simulateurs de vol.

Edwin Link est de taille moyenne, et plutôt râblé. Il a 59 ans, les cheveux gris lissés en arrière, et abrite derrière des lunettes sans monture un regard où brillent, dans un visage boucané, l'intelligence et l'humour.

– J'ai commencé à m'intéresser à l'aviation en 1926. Je fabriquais encore à l'époque des pianos mécaniques, mais mon passe-temps favori était de voler. J'avais aussi une petite idée derrière la tête. Bref, en 1927, j'ai passé mon brevet de pilote professionnel et bien m'en a pris car, deux ans après, c'était la grande crise de 1929. Avant la crise, nous fabriquions six pianos mécaniques par semaine. Entre la crise et le cinéma parlant, nous sommes tombés à un piano par semaine. Et encore, les gens qui en commandaient n'avaient bien souvent plus de quoi les payer quand ils étaient prêts. Bref, faillite et marasme. Je suis donc devenu pilote professionnel. A l'époque, il y avait beaucoup de meetings aériens. J'ai eu l'idée de monter sur mon avion un piano mécanique actionné par le vent de la vitesse, qui créait une dépression. Cela a eu un certain succès. J'ai aussi installé sur différents appareils, dont des trimoteurs Ford « Goose », des orgues à dix notes. C'était très amusant, mais je travaillais déjà sur un autre projet : un simulateur de vol...

– Mais quel rapport entre les deux?

– Tout simplement que mon premier simulateur de vol ressemblait furieusement à un piano mécanique car j'avais utilisé pour le mettre au point... ce que j'avais sous la main : des composants de pianos mécaniques. Notez bien que...

Ni Robert Stenuit, ni John Kilbraken ne sauront jamais ce qu'il y avait à « bien noter » car un des deux matelots grecs débouche de la coursive sur la plage arrière :

– Mister Link, quelqu'un vous demande sur le quai.

C'est Gert Fäller, l'avocat de Peter Fleig, qui se présente au rendez-vous fixé quelques mois plus tôt. Il franchit l'échelle de coupée, une valise d'une main, une épaisse serviette qui semble bourrée de documents de l'autre.

– Alors, ces documents, quels étaient-ils?

Robert Stenuit se carre dans son fauteuil, joint les mains et réfléchit quelques secondes avant de répondre :

– En principe, je n'avais pas à les connaître. Je vous rappelle que l'accord passé entre John Kilbraken et Gert Fäller au nom de son client Peter Fleig – ou plutôt Walter K...

– Qui ne participait pas à l'opération?

– Non. Il craignait que la justice française n'ait encore quelque chose à lui reprocher. Notez bien que nous avions prévu de n'effectuer aucune recherche dans les eaux territoriales françaises, et même de ne pas venir à terre en Corse, sauf force majeure. Mais reprenons le fil des événements. Nous avons donc dîné à bord et, après le dîner, Fäller, Link et Kilbraken se sont enfermés dans le poste de pilotage avec la précieuse serviette bourrée de documents. Je me souviens qu'il y en avait six kilos.

» Ils sont restés deux heures enfermés. Il était bien entendu que si Edwin Link ne jugeait pas les documents suffisamment probants, il annulait purement et simplement toute l'opération.

» A minuit, Link donnait son accord. Nous avons alors tous signé un engagement formel de garder pendant dix ans le secret absolu sur tout ce que nous serions amenés à connaître, et nous avons signé le contrat de partage. En tant que chef plongeur, j'avais droit à sept pour cent du trésor. J'ajouterai que le plus gros morceau revenait à Fleig. Venons-en aux documents. Le plus important était la carte que Fleig avait décalquée à Dachau en 1945 sur la carte originale du SS Schmidt. Elle comportait trois lignes de relèvements partant d'un point en mer et aboutissant chacune à un élément caractéristique de la côte.

» Gert Fäller avait recopié ce décalque sur une carte au 50 millième de l'Institut géographique national, mais il avait aussi apporté le document original.

– « Original » d'après Fleig, mais qu'est-ce qui prouvait qu'il avait effectivement été établi par le SS Schmidt en 1943 et pas par Peter Fleig en 1948? Il a plongé pendant un mois devant le Golo. Il a largement eu le temps de faire un dessin fantaisiste en prenant trois relèvements au hasard...

– L'objection n'est pas sans valeur. Mais il faut bien penser que Fleig avait suffisamment menti pour que nous soyons méfiants. Aussi Gert Fäller avait-il apporté un faisceau de documents constituant des présomptions de véracité qui s'étayaient les unes les autres.

– Par exemple?

– Par exemple un extrait d'acte de naissance de Walter K... établissant qu'il s'était bien appelé Fleig jusqu'à son adolescence. Par exemple encore un certificat de sortie du camp de Dachau établi au nom de Fleig. Il y avait aussi son brevet de scaphandrier délivré à Hambourg en 1947. Il y avait même le contrat qu'il avait passé avec trois autres scaphandriers pour monter une expédition de recherche... Non, vraiment, tout avait l'air de se tenir et je ne vois pas pourquoi Fäller, qui avait la rigueur d'un bon Teuton, se serait lancé dans cette aventure s'il n'avait pas eu l'intime conviction que toute l'histoire était vraie. D'ailleurs, John (Kilbraken) en était persuadé lui aussi. Et pourtant, il avait de sérieuses raisons de se méfier. Bref, à 1 heure du matin, tout était réglé et nous pouvions larguer les amarres...

18 avril 1963. Il est 3 heures du matin. Les deux diesels de 140 chevaux grondent sourdement, poussant à grands jets d'écume le *Sea Diver* à travers une mer qui s'apaise à mesure que s'éloigne la côte. Dans la cabine qu'ils partagent à l'arrière, John Kilbraken et Robert Stenuit n'ont pas pu trouver le sommeil, tant ils sont pris par l'excitation de l'aventure.

Pour John Kilbraken, ce départ de nuit est l'aboutissement d'une enquête qui a duré douze ans. Pour Robert Stenuit, c'est le début d'une de ces aventures intenses comme il les aime.

– Robert?

– *Yes, John...*

– Quelles sont d'après vous nos chances de réussir?

Robert Stenuit s'assied sur sa couchette, enserrant ses genoux entre ses mains croisées.

– Si nous trouvons les points de repère du SS Schmidt, c'est-à-dire si la côte n'a pas trop changé, je crois vraiment que nous avons les meilleures chances possibles car nous avons un matériel de détection que personne au monde ne peut s'offrir...

Et c'est vrai. En 1963, le *Sea Diver* est certainement le navire de recherche sous-marine le plus avancé au monde. Il dispose en effet d'une panoplie de moyens divers dont le tout nouveau magnétomètre du Dr Gray, de l'université d'Edimbourg, est le fleuron. Il s'agit d'un prototype que le Dr Gray a apporté lui-même à Monaco une semaine avant le départ du *Sea Diver.* Il se décompose en deux parties : le « poisson », qui est le détecteur proprement dit, est enfermé dans un cylindre étanche remorqué à proximité du fond. Le lecteur, lui, est installé sur le bateau.

Un influx électrique périodique – toutes les dix secondes – met sous tension les éléments d'analyse magnétique du « poisson ». Le résultat s'inscrit sur quatre cadrans de lecture gradués en « gamma ».

– Les cadrans, a expliqué le Dr Gray, donnent la valeur magnétique absolue à la verticale du « poisson ». Pour détecter un objet métallique, il faut d'abord établir la valeur magnétique moyenne de la zone, puis effectuer des passages en reportant sur une carte les valeurs absolues enregistrées. Les masses magnétiques « parasites » apparaissent alors sur la carte. C'est tout simple...

Tout simple, mais assez compliqué à mettre en œuvre. L'avantage de l'appareil du Dr Gray est qu'il couvre un champ relativement vaste : une bande de cinq à six mètres de large. L'inconvénient est qu'il ne donne pas un point précis, mais une zone plus ou moins vaste dans laquelle il existe une anomalie magnétique, c'est-à-dire le plus souvent un objet en fer : bateau, avion, fût d'essence ou encore... caisses à munitions. Cette zone une fois définie, un second appareil permet de trouver l'objet : le magnétomètre du Dr Förster.

Cet appareil, mis au point en Allemagne, ne mesure pas la valeur du champ magnétique, mais indique ses changements : deux électro-aimants sont montés en parallèle de façon que leurs champs s'annulent exactement. La moindre variation magnétique extérieure va rompre cet équilibre et faire vibrer une petite aiguille sur un écran de contrôle. L'ennui est que le champ magnétique change tout le temps, et que donc la petite aiguille bouge sans cesse. Tout l'art est de savoir interpréter correctement le langage de l'aiguille, c'est-à-dire distinguer les variations anormales des variations normales.

Une fois l'objet situé avec précision grâce à cet appareil, il n'y a plus qu'à plonger pour l'élinguer et le remonter à la surface.

– Seulement, John, il peut y voir un autre problème à ce stade. Le fond de la mer est très souvent vaseux ou sableux. C'est d'ailleurs le cas de l'endroit où se trouve en principe le trésor. Les caisses, qui sont très lourdes, ont toutes les chances de s'être peu à peu enterrées dans le sable. En plongeant, je ne les verrai pas. Il faut donc arriver à les détecter sous le sable. Pour cela, Link a emporté un appareil qu'il a conçu lui-même et qui est une adaptation sous-marine des détecteurs de mines de l'armée. Avec cet engin, je peux retrouver une pièce d'or à 1,50 m sous le sable... Voilà pourquoi je crois que nos chances sont bonnes.

– *Jolly good, Robert. Good night.*

– *Good night, John.*

18 avril, 8 heures du matin. Tandis que Robert Stenuit, tôt levé, prend son petit déjeuner dans le carré – thé et œufs au bacon – une tache jaune apparaît tout en haut de l'écran du radar. Le cap Corse. Il va falloir attendre encore une bonne

heure – le temps que la brume matinale se dissipe – pour le distinguer à l'œil nu.

A 14 heures, il est sur tribord arrière. Le *Sea Diver*, toujours au cap Sud, descend vers Bastia.

« A 4 heures de l'après-midi, raconte Robert Stenuit, nous étions rassemblés dans le poste de pilotage, les jumelles vissées sur les yeux. Le radar nous plaçait exactement en face de l'embouchure du Golo, à 3 milles et demi au large... »

John Kilbraken repère très bien les lieux :

– Pas de doute, c'est la vallée entre la montagne grise à gauche et la ligne d'arbres à droite. J'y suis passé en 1952 en allant interviewer Me Cancellieri dans sa villa de Luciana... D'ailleurs, j'aperçois la villa, là-bas, juste en dessous du pylône électrique.

A ses côtés, Gert Fäller suit sur la carte d'état-major les lignes de crêtes qui leur font face :

– L'*Obersturmbannführer* Schmidt a passé la nuit à l'embouchure du fleuve Golo... Il se trouvait sur un bateau de pêche volé, avec deux matelots et un autre officier SS... Ils étaient à l'ancre très exactement là!

Il appuie fortement l'index sur un point à un centimètre à l'est de l'embouchure, puis reprend :

– Au lever du soleil, il a relevé son ancre et a fait trois nautiques et demi vers le large. Là, il a stoppé le bateau et sondé avec un plomb de sonde. 35 mètres. Il a donné un ordre et les deux matelots ont poussé les six caisses métalliques de 1,2 m × 40 cm × 40 cm par-dessus bord. Ensuite, il a pris à l'alidade les cinq visées notées sur la carte décalquée par Fleig...

Edwin Link, jumelles aux yeux, l'a écouté tout en fouillant la côte :

– Ils étaient donc quatre à bord. Schmidt s'est retrouvé à Dachau. Que sont devenus les trois autres?

Gert Fäller hausse les épaules :

– *Tot. Alles tot.*

Il fait le geste de manier une mitraillette.

Link reprend ses jumelles.

Deux heures vont se passer à tenter de retrouver le point de repère principal : une construction blanche qui, en principe, doit trancher très fortement sur le paysage.

Échec.

– A 18 heures, le vent se lève et la mer se gonfle. C'est un de ces « coups de chien » brutaux comme la Méditerranée en connaît souvent aux saisons intermédiaires. Jusqu'à minuit, le *Sea Diver* va tirer des bords au large, en attendant que la bourrasque s'apaise. 0 h 30. Ça souffle toujours aussi fort. Edwin Link ne veut en aucun cas se réfugier dans un port français, car il craint que les ennuis administratifs ne commencent. Il décide donc d'aller se mettre à l'abri sous le vent de l'île d'Elbe. Le *Sea Diver* va y passer toute la journée du 19, et la nuit suivante.

Le 20 avril, à 4 h 30, le temps est redevenu « maniable », comme disent les marins et le baromètre a suffisamment remonté pour laisser augurer une journée de grand calme. Danny Eden, le chef mécanicien, lance ses deux diesels.

Cap sur le Golo.

A 7 heures, le point de repère principal est en vue. L'œil collé à l'alidade de relèvement, Link place le *Sea Diver* dans l'alignement exact donné par la carte de Fleig. Il s'agit ensuite d'avancer à petite vitesse le long de cette ligne en balisant les points de quatre relèvements complémentaires. Cela donnera une zone probable. En théorie, il est possible avec ce système – si les relèvements ont été bien faits – d'obtenir un carré ou un losange assez précis. De l'ordre de quelques dizaines de mètres.

Dans la pratique, les choses sont un peu plus compliquées. D'abord parce que le nord magnétique s'est déplacé depuis 1943. Il faut donc corriger toutes les données de la valeur de ce déplacement. Bien entendu, cela a été fait. Mais il y a plus ennuyeux : aucun compas ne donne des valeurs rigoureusement exactes. Chacun a sa courbe de déviation propre qui dépend de son degré de perfectionnement et surtout de l'environnement dans lequel il travaille. Sur un bateau, où il y a beaucoup de masses magnétiques – guindeau, ancres, moteurs et autres –, le compas, sous certains angles, donne des valeurs fausses de plusieurs degrés. Il faut donc calculer ces erreurs et les compenser.

– Au résultat, se souvient Robert Stenuit, les cinq visées du colonel Schmidt nous donnaient une « zone probable » grande comme trois fois la place de la Concorde à Paris.

Le *Sea Diver* avance donc lentement le long de la ligne principale et, chaque fois qu'Ed Link, l'œil collé à l'alidade, croise un des relèvements secondaires, il donne un bref coup de sirène de brume. Deux matelots, postés à l'avant, font alors basculer par-dessus bord des pavés de béton reliés à des bouées rouges. La zone est marquée visuellement. Il reste à placer des bouées radar – des losanges d'aluminium fixés au sommet des bouées – pour pouvoir effectuer un ratissage rigoureux en s'aidant du radar.

Le 21 avril, tout est en place et le travail méthodique de prospection sur la « zone probable » peut commencer. Avant tout, il faut établir la carte magnétique générale de la zone. Un premier ratissage large donne une valeur moyenne de 3 450 gamma. Toute valeur relevée au cours du ratissage serré excédant sensiblement ce chiffre signifie donc qu'il y a quelque chose à la verticale du « poisson magnétique ».

Beaucoup de gens s'imaginent une chasse au trésor comme une aventure palpitante, pleine d'aventuriers aux mâchoires carrées, de grimoires hermétiques, des femmes fatales ourdissant dans le secret d'alcôves vaporeuses des pièges mortels dont leurs charmes constituent l'irrésistible appât. Bref, une fresque sensuelle et trépidante dont l'horizon lointain ruisselle de pièces et de pierres brillantes.

A bord du *Sea Diver*, on est loin de ce schéma idéal. Non seulement il n'y a pas de femmes à bord, mais surtout l'atmosphère qui va y régner les trois jours suivants ressemble plus à celle d'un bureau d'étude qu'à une séquence des *Aventuriers de l'arche perdue*.

Dans un carré de 500 mètres de côté, le bateau laboure la mer vague près vague, remorquant à trois nœuds le « poisson magique » du Dr Gray. C'est Michael, l'officier radar, qui dirige la navigation. La zone a été découpée en carrés de 100 et 10 mètres de côté et sa tâche est capitale puisqu'il faut analyser dans l'ordre chacun des carrés sans en oublier aucun. Toutes les dix secondes, il indique le carré qu'explore le poisson et Ed Link, l'œil rivé au cadran magnétique, note sur la carte la valeur qu'il indique.

L'homme de barre ne chôme pas non plus : il doit tenir le cap donné par Michael à un degré près et Daniel Eden, aux compte-tours moteurs, doit respecter une vitesse rigoureusement définie.

Les heures et les jours passent. Une demi-heure pour déjeuner, une demi-heure pour dîner, un coup d'œil à la carte de Link pour mesurer la zone explorée pendant ces heures et ces heures de veille, et dodo jusqu'au lever du soleil.

A vrai dire, dès le deuxième jour, la routine va être perturbée par des « visiteurs ». Même si le *Sea Diver* se tient rigoureusement dans les eaux internationales – au-delà des trois nautiques de la côte – on ne voit que lui sur la mer.

Un navire qui n'est pas un chalutier et qui ratisse une zone étroite devant le Golo, tout le monde en Corse sait depuis 1948 ce que cela veut dire !

14

Tout a commencé le 22 avril au matin avec un hors-bord qui est venu innocemment tourner à une distance respectueuse du *Sea Diver*. L'après-midi, ils sont deux, qui font semblant de pêcher juste à la limite de la zone probable. Curieux pêcheurs, d'ailleurs, avec leurs chemises bariolées style gangsters et leurs bras blancs. Mais surtout, ils pêchent à la palangrotte sur un désert de sable, ce qui est un des meilleurs moyens pour ne rien attraper.

Le Dr Fäller, qui les observe, les voit se rapprocher insensiblement d'une des bouées qui marquent la zone puis, quand ils sont à la toucher, il distingue très nettement un des deux pêcheurs qui saisit un objet noir au fond du bateau, le porte à son œil et « clac » une photo est prise... Le relèvement est noté.

Tant qu'il ne s'agit que de noter des relèvements, ce n'est pas trop grave car ils ne pourront pas en faire grand-chose sans un matériel très sophistiqué et qu'ils n'ont aucune chance de se procurer. Seulement, cela veut aussi dire qu'on surveille en permanence, de la côte, les faits et gestes du *Sea Diver*. Et là, c'est plus ennuyeux, car si « ces gens » ont l'impression que le trésor a été trouvé – ou est sur le point de l'être – ils risquent fort de passer à l'attaque.

Gert Fäller a en tout cas de sérieuses raisons de le penser car il a, quelques mois plus tôt, reçu une lettre de menaces. C'est un mot manuscrit sur une feuille de papier d'écolier :

*« Paris, le 23 mai 1962. Au Docteur Fäller, à Fribourg. Messieurs, je vous fais parvenir ces quelques lignes pour vous mettre en garde concernant le trésor de Rommel. Dans cette affaire, il y a déjà trois morts! Il serait préférable pour vous que vous n'allongiez pas la liste! Le trésor nous appartient! Le conseil que nous vous donnons vient de bon amis de la Korse (*sic*) et de Nice! La Maffia prévient aussi le nommé Peter Fleig! »*

– J'ai reçu cette lettre, explique le soir même Fäller à John Kilbraken, alors que j'étais en négociations avec les services français compétents pour obtenir une concession officielle de recherches... Histoire amusante, d'ailleurs : on voulait bien me donner cette concession, mais en aucun cas s'engager sur un partage du trésor. Tout ce que les autorités françaises ont bien voulu m'indiquer sur ce point, c'est que « la loi suivrait son cours... » Inutile de vous dire que, muni de cette précieuse information, j'ai tout laissé tomber du côté officiel.

» Quoi qu'il en soit, ce n'est pas la seule missive bizarre qui me soit parvenue. Un peu plus tard, j'en ai reçu deux autres. Une de Paris et une de Bruxelles. Deux enveloppes dont l'adresse avait été écrite de la même main, qui contenaient chacune une note de restaurant en blanc. Un restaurant de la banlieue est de Paris.

– Vous y êtes allé?

– Non. J'ai téléphoné au patron du restaurant en me nommant. Il n'avait aucun message pour moi et semblait tout ignorer de l'affaire... J'ai classé cela dans le dossier.

Dans le carré du *Sea Diver*, chacun reste songeur. Ed Link, enfin, rompt le silence :

– A partir de ce soir, nous assurerons une veille radar toutes les nuits. Deux hommes à la passerelle, par quarts. Au premier écho suspect s'approchant du *Sea Diver*, alerte générale et mise en route des moteurs.

24 avril 1963. 11 heures du matin. Depuis trois heures déjà, c'est la routine du ratissage dans le ronronnement des diesels à l'extrême ralenti. Toutes les dix secondes, Michael, l'œil rivé au pinceau du radar, énonce les carrés franchis... 161... 162... 163... et Ed Link note, à mesure, la valeur des « gamma » indiqués par l'aiguille. Soudain, il se redresse :

– Arrêtez tout !

Dix cœurs bondissent dans dix poitrines, mais la désillusion vient aussitôt :

– Magnétomètre en panne.

C'est la tuile ! Certes, il y une pleine valise de pièces de rechange, mais il s'agit d'un prototype et le Dr Gray n'est pas là. Il va falloir procéder de façon empirique pour trouver la pièce défectueuse, et sans certitude de réussite. Link et Michael, le spécialiste radar, se mettent au travail. S'ils échouent, il faudra tout recommencer de zéro avec le magnétomètre allemand, qui nécessite au moins quatre fois plus de passages, c'est-à-dire quatre fois plus de temps et de travail.

Robert Stenuit ronge son frein. Le trésor est là, quelque part, et il faut attendre. Laisser passer de précieuses heures. Mais au fait, non ! Pendant qu'on répare le magnétomètre Gray, pourquoi ne pas procéder à une recherche limitée avec le magnétomètre allemand? Il n'y a qu'à prendre l' « annexe ».

L'annexe, c'est le *Reef Diver*. Six mètres de long. Propulsion diesel par jets d'eau orientables. Un compresseur alimentant deux « narghilés » permettant de descendre à 50 mètres. Un générateur électrique. Un écho-sondeur. A l'avant, deux hublots de verre permettant d'observer le fond dans les eaux claires.

Avec Hans Decker, l'officier de pont, Stenuit installe le magnétomètre allemand à bord du *Reef Diver* et ils se dirigent vers la bouée rouge qui marque le centre de la zone probable. En théorie, la « zone la plus probable ». Et les ratissages commencent méthodiquement autour de la bouée, l'œil rivé sur l'aiguille dont « l'affolement » doit signaler une masse métallique. La journée se passe sans résultat.

Le lendemain, le magnétomètre Gray n'est toujours pas réparé. Le *Reef Diver* reprend sa ronde. Et soudain, un signal ! L'aiguille fait des bonds désordonnés de – 20 à + 20. Stenuit marque l'endroit avec un flotteur et fait un second passage dans un axe différent. Pas de doute, il y a quelque chose au fond. En moins de cinq minutes, il est équipé – combinaison, palmes, masque, bouteille, poignard – et il bascule par-dessus bord dans une gerbe d'écume.

10 mètres. Des méduses passent. 25 mètres. Le bleu de l'eau s'assombrit. 35 mètres. Le fond apparaît enfin. La visibilité est d'une bonne dizaine de mètres. Le plomb de la bouée est là, au centre d'une clairière sableuse. Un sable fin, pulvérulent, dans lequel la main, puis le bras, s'enfoncent sans effort.

Robert Stenuit, tous les sens en éveil, commence à décrire des cercles de plus en plus larges :

– Ce que je cherche, ce n'est pas des caisses alignées. Je sais comment la mer peut « digérer » ce qui y tombe. Je cherche des anomalies : une ligne droite devinée sous le sable. Un changement de couleur des fonds. Un poisson qui part se cacher à mon approche, car une épave est la meilleure des cachettes, bref, toute chose qui puisse paraître, à mon œil habitué aux fonds marins, anormale.

Pendant quinze minutes, il va ainsi prospecter méthodiquement la zone suspecte. Sans résultat. Ou plutôt si, puisqu'il va en rapporter une certitude : sur un tel fond de sable et de vase mélangés, un fond sans consistance, les six caisses ont dû s'enfoncer très vite. En quelques jours au maximum. Donc, elles ont été protégées des chaluts qui raclent les fonds marins. C'est plutôt une bonne nouvelle.

Mais une seconde bonne nouvelle l'attend à la surface : le magnétomètre Gray est réparé. Il fonctionne de nouveau.

La troisième bonne nouvelle va arriver dès le lendemain

matin. C'est le premier lever de soleil sans brume depuis que le *Sea Diver* est sur le site. Le premier matin donc où la côte se détache parfaitement nettement. Et l'évidence éclate aux yeux de tous : l'alignement principal n'a pas été pris sur le bon bâtiment. En 1943, ce dernier était seul sur le rivage. Depuis, non seulement deux autres ont été construits, mais une haie d'arbres a poussé, qui le masque à moitié. Avec la brume en plus, il disparaissait complètement.

– En une heure de temps, nous avions réaligné correctement toutes les balises. Nous étions tous terriblement excités car, cette fois, nous savions que la découverte du trésor n'était plus qu'une question de jours. Peut-être d'heures...

Aussitôt les balises réalignées, et sans perdre une minute, les va-et-vient fastidieux du *Sea Diver* reprennent, avec la litanie monotone du radariste toutes les dix secondes. « 43... 44... 45... »

Ils vont durer deux jours pleins, et une demi-matinée...

27 avril, 10 h 30 du matin. Le *Sea Diver* est à l'ancre au centre de la zone probable qui, jour après jour, s'est réduite à la dimension de deux ou trois terrains de football. C'est le *Reef Diver*, plus maniable, qui remorque le magnétomètre Gray.

Robert Stenuit tient la barre du *Reef Diver*. Michael surveille l'aiguille du magnétomètre. Ils ratissent le carré qui se trouve au nord du *Sea Diver*, avec ce dernier comme point de référence. Quand ils s'en approchent, l'aiguille se met à bondir. Elle détecte la masse du bateau. Quand ils s'en éloignent, elle se calme. Jusqu'à ce qu'ils fassent demi-tour et reviennent.

Ils en sont ainsi au trentième voyage, peut-être, et entament le suivant. Le *Reef Diver* a viré de 180 degrés à proximité du *Sea Diver*, dans l'affolement de l'aiguille, et s'en éloigne maintenant. Le cadran se calme peu à peu, puis revient à la valeur moyenne : 3 440 gamma. Deux minutes passent. Soudain, Michael sursaute :

– Robert, il y a quelque chose! Regardez l'aiguille, elle est montée d'un coup à bloc, s'est affolée en vibrant sur le maximum, puis redescend à mesure que nous nous éloignons. Faisons un second passage.

Au second passage, le même phénomène se reproduit. Mais, avant de s'emballer, il faut bien réfléchir. C'est ce qu'ils font tous deux après avoir stoppé le moteur et balisé le point. Robert Stenuit, soudain, claque des doigts :

– L'ancre!

– Quoi, l'ancre?

– L'ancre du *Sea Diver*, Michael. Il y a un peu plus de 40 mètres de fond. Hans (Hans Decker, le capitaine du *Sea Diver*) a l'habitude de mouiller à trois fois le fond, c'est-à-dire pour 40 mètres de laisser filer 120 mètres de chaîne à l'ancre. La bise souffle du nord. Le *Sea Diver* est dans notre sud, la proue vers nous. Ce que nous détectons, c'est l'ancre...

Michael secoue négativement la tête :

– Non, nous sommes à plus de 120 mètres du bateau.

– Alors il aura mouillé quatre fois le fond...

– Peut-être. Le plus simple, c'est qu'il relève son ancre et s'éloigne de 500 mètres. Là, il n'y aura plus de doute.

Cinq minutes plus tard, dans le grincement de son treuil et le cliquetis de la chaîne, l'ancre du *Sea Diver* remonte avec vingt bons kilos de vase, et le bateau s'éloigne pour aller mouiller à trois encablures.

Déjà le *Reef Diver* a effectué deux passages croisés sur la zone. A chaque fois, à l'endroit précis où Robert Stenuit a mouillé le flotteur-repère, l'aiguille s'est lancée dans une sarabande effrénée.

Aucun doute possible : à 40 mètres sous la surface, dans un rayon que l'instrument du Dr Gray ne peut pas définir avec précision, il y a quelque chose. Mais quoi? Avion, chalutier, bidon d'essence ou... trésor? Pour le savoir il faut aller voir. Et pour aller voir, il faut définir l'endroit avec plus de précision.

C'est là le domaine du magnétomètre allemand. Mais, avec lui, la règle du jeu change : il faut faire un quadrillage extrêmement rigoureux car sa portée utile est de 2 mètres.

Dix heures par jour, le *Reef Diver* va labourer inlassablement un carré de mer par bandes de 2 mètres. En vain. L'aiguille-repère reste obstinément fixe et le temps passe. Edwin Link a décidé de consacrer quinze jours à l'opération totale. Treize sont déjà passés. Si Ed Link est milliardaire, c'est parce qu'il a soigneusement évité, tout au long de sa vie, de céder aux rêves. Pas plus à celui du trésor de Rommel qu'à tout autre. Il a décidé que cela méritait quinze jours de recherches – ce qui lui coûte déjà une petite fortune – et a établi son programme en conséquence. Pas question de déborder.

L'avant-dernier jour, le *Reef Diver* va prospecter pendant douze heures. Rien. Quand se lève l'aube du dernier jour, chacun sent qu'il faudrait un miracle pour réussir. Et pourtant, ce miracle, tous y croient encore.

Il n'aura pas lieu.

A 11 heures du soir, ayant ramassé ses bouées et ses réflecteurs radar, le *Sea Diver* reprend la route du continent. Sur bâbord arrière, les lumières de Bastia s'éloignent lentement. Dans le carré, le dîner s'achève dans le silence. Tout le monde est déçu. Tout le monde sauf Edwin Link. Lui, au contraire, est ravi. Il sait qu'avec le Docteur Gray, ils ont mis au point un véritable trésor : le magnétomètre à précession de protons, dont l'avenir est sans aucun doute fabuleux.

Il pose une main amicale sur l'épaule de Robert Stenuit :

– Robert, ne vous désolez pas : nous reviendrons. Les magnétomètres sont encore dans l'enfance. Dans un an, dix ans peut-être, l'appareil qui nous manque sera inventé. Nous reviendrons et vous en serez; et ce que nous n'avons pas trouvé cette année, nous le trouverons parce que personne d'autre ne l'aura trouvé avant nous...

Mais, sur ce dernier point et pour la première fois de sa vie peut-être, Ed Link se trompait...

– Et voilà, conclut Robert Stenuit, tout le récit de l'aventure. Que faut-il en retenir ? Qu'il y a indiscutablement quelque chose de métallique à l'endroit précis indiqué par Fleig. Mais quoi ? Tout le mystère est là...

Mais, tandis que se termine l'aventure d'Ed Link – ni lui, ni John Kilbraken, ni Robert Stenuit ne retourneront au large du Golo – un coin du voile de mystère qui recouvre ce trésor mythique se soulève légèrement.

Pour glisser un œil dessous, il faut nous transporter à Paris, sans quitter ce début des années soixante, et entrer dans ce monde un peu trouble et parfois inquiétant que l'on appelle pudiquement « le Renseignement ».

15

Une pluie obstinée, fouettée de brusque rafales, éclabousse en longues traînées l'asphalte luisant du boulevard de Latour-Maubourg, à Paris, et vient cingler par moments les hautes fenêtres des bâtiments des Invalides.

Georges Paques a son bureau dans cette aile ouest de l'hôtel des Invalides, qui abrite certains services du ministère de la Défense.

Ancien de l'École normale supérieure, Georges Paques a été le condisciple d'un autre Georges, Pompidou, qui sera élu quelques années plus tard à la présidence de la République après avoir été Premier ministre sous de Gaulle. Mais, pour l'heure, et en termes de carrière, c'est Georges Paques qui est en tête : il a été chef de cabinet du ministre du Commerce et de l'Industrie et dirige une commission interministérielle au titre du ministère de la Défense.

Bref, un de ces grands commis de l'État appelé sans aucun doute – il n'a encore que 45 ans – aux plus hautes responsabilités. D'autant que sa femme est une ethnologue de renommée internationale. Son domaine de prédilection : les Touaregs du Hoggar et leurs cousins, les Toubous du Fezzan.

Georges Paques n'a qu'un péché mignon, que tout le monde ignore, du reste : il transmet aux Soviétiques tous les documents « Confidentiel – défense » qui lui passent entre les mains. Y compris ceux de l'OTAN auxquels il a accès. Cela lui vaudra, quelques années plus tard, un retentissant procès où, pour la première fois en temps de paix, on envisagera une condamnation à mort contre celui que les médias appelleront « l'espion du siècle ». Mais, les choses n'en sont pas là. Georges Paques est un fonctionnaire que tout le monde considère comme sans reproche et qui se prépare – il est 18 h 30 – à affronter sans enthousiasme la pluie froide pour regagner son appartement du XVIe arrondissement.

Il vient de plier *le Monde* pour le glisser dans la poche de son « Burberrys » lorsque l'interphone posé sur son bureau grésille :

– Monsieur?...

C'est la réceptionniste. Georges Paques soupire en appuyant sur le bouton de connexion.

– Oui...

– Monsieur Duret souhaiterait vous voir.

Duret. Un vieil ami de faculté. Que veut-il encore, celui-là? La dernière fois qu'il s'est manifesté, c'était pour faire « pistonner » un Italien qui souhaitait se livrer à des opérations commerciales en France.

– Bien. Qu'il monte. Indiquez-lui le chemin.

Duret n'est pas seul. Un grand gaillard brun, très élégant et dont le sourire dévoile une dent en or, l'accompagne.

– Georges, je te présente mon ami Carlo Alemani. Carlo vient de Rome avec une histoire incroyable que je voudrais te soumettre car tu pourrais peut-être faire quelque chose...

Georges Paques, intrigué, hausse les sourcils :

– Eh bien, asseyons-nous et voyons cela...

Carlo Alemani parle un français à peine teinté d'accent italien. Il a une autre qualité : une certaine franchise, puisqu'il commence par mettre cartes sur table :

– J'ai travaillé pendant plusieurs années dans les services spéciaux italiens, avec le général Roatta. Quelques-uns de mes amis le savent. Et c'est pourquoi l'un d'eux, Ugo

Volonte, industriel à Turin, est venu me trouver il y a deux mois pour me demander conseil. En 1939, il était lieutenant de bersagliers en Tripolitaine. Il avait pour ordonnance un brave garçon un peu fruste, originaire de Calabre, qui s'appelait Ferrazi. En 1940, Ferrazi a été muté en Éthiopie et Ugo Volonte n'en a plus entendu parler jusqu'à cette année où il l'a vu avec surprise débarquer dans sa propriété de la banlieue turinoise. Il prétendait connaître l'emplacement d'un trésor enterré dans le Fezzan et venait proposer à son ancien lieutenant – en qui il avait toute confiance – de l'aider à le récupérer...

Carlo Alemani marque une pose et sourit devant l'air un peu sceptique de Georges Paques qui, mains croisées sur son bureau, écoute néanmoins avec attention.

– Je sais, reprend Alemani, que le mot trésor fait en général sourire. Et moi le premier. Volonte, qui est un homme pondéré, a quand même été suffisamment ébranlé par les déclarations de Ferrazi pour me le faire rencontrer. Et voilà ce que ce dernier m'a raconté...

Juin 1941. La guerre a réveillé le grand désert libyen qui dormait depuis la nuit des temps. En Cyrénaïque, au nord, sur les rivages de la Méditerranée, les Italiens du général Graziani, après avoir reculé en désordre sous les coups de boutoir de la VIIIe armée du général sir Archibald Wavell, ont pu stabiliser leurs positions grâce à l'arrivée, deux mois plus tôt, des éléments de l'Afrikakorps sous les ordres de Rommel.

Mais les troupes italiennes ont définitivement perdu Koufra, la citadelle au cœur du désert, le point de passage obligé entre les immenses mers de sable qui, du nord-est au sud-ouest, s'étendent sur plus de 2 000 kilomètres. Koufra est tombée le 1er mars sous les assauts d'une colonne franco-anglaise commandée par le général Leclerc. Koufra est occupée par les hommes du major Ralph Bagnold, du Long Range Desert Group.

Plus au sud encore, et en allant vers l'est, au-delà des plateaux caillouteux du Soudan anglo-égyptien, ce sont les montagnes d'Éthiopie. Ou plutôt d'Abyssinie, l'ex-empire du Négus, l'orgueilleuse colonie italienne conquise sans mérite à grand renfort de chars et de bombardiers contre une population désarmée.

Mais l'Abyssinie s'effondre. Les colonnes anglaises remontent les vallées qui mènent à la capitale, Addis-Abeba. La chute de la capitale n'est plus qu'une question de jours. D'heures peut-être.

Huit jours plus tôt, une petite colonne motorisée italienne a quitté la ville au matin. Elle se compose de quatre automitrailleuses Fiat et de dix camions Lancia Esaro. Le camion Lancia Esaro est le « poids-lourd » standard des forces italiennes en Afrique. Avec ses pneus à bandages pleins et son radiateur surdimensionné, il a été conçu pour affronter le désert caillouteux de cette partie désolée du monde.

La mission de cette colonne est de rallier à tout prix la Tripolitaine en passant par le Soudan et le Sud libyen. Un voyage – ou plutôt un enfer – de plus de 4 000 kilomètres. Un enfer que la nature a semé de pièges mortels. Sables pulvérulents dans lesquels peut disparaître un véhicule en quelques secondes. Rochers coupants comme des rasoirs. Un soleil de plomb qui, douze heures par jour, fait monter la température à plus de 50° et rend le sol brûlant comme une plaque de cuisson.

Et surtout, surtout, la soif. Pour s'y déplacer, un Européen a besoin de dix litres d'eau par jour. Qu'elle vienne à manquer, cette eau, et c'est la mort. Mais pas une mort miséricordieuse : une mort atroce après des heures de folie.

A cela, il faut ajouter la guerre. L'embuscade brutale dans le claquement des mitrailleuses qui zèbrent la fournaise de traits de feu. Les véhicules qui flambent. Les morts qui se décomposent. Les blessés qui hurlent leur agonie.

Et pourtant, la colonne italienne s'est engagée dans cette

aventure insensée car c'est le seul moyen de fuir l'Abyssinie : les Anglais tiennent la mer Rouge au nord, la Somalie à l'est, le Kenya au sud. La seule chance d'échapper à l'étau est de fuir par le Soudan, où les mailles du filet sont beaucoup plus lâches.

Mais pourquoi fuir? Pourquoi ne pas se rendre, comme 300 000 soldats italiens l'ont déjà fait? Pourquoi ne pas finir la guerre dans un camp de prisonniers?

La réponse à cette question, seuls deux hommes la connaissent au matin du départ : le colonel commandant le détachement et son adjoint, un capitaine au visage chafouin.

C'était huit jours plus tôt. Depuis, chaque homme du petit convoi, qu'il soit chauffeur d'un camion ou membre de l'équipage d'une automitrailleuse, la connaît.

La colonne a une mission spéciale : convoyer jusqu'à Tripoli le trésor du Négus...

Ce trésor, un homme de la colonne l'a vu tandis qu'on l'enfermait dans les six lourdes caisses de bois qui cahotent maintenant sur les pistes du désert. Il a parlé de monnaies anciennes ruisselantes comme une cascade dorée, de croix épiscopales lourdes de pierres précieuses, de véritables fleuves de diamants, bref, de tout ce que l'on peut imaginer dans le plus fou des rêves dorés.

Toutes ces merveilles sont réparties sur deux camions, à raison de trois caisses par camion. Les huit autres camions ne transportent que du carburant, de l'eau et de la nourriture – spaghetti et sauce tomate, l'éternel ordinaire des troupes italiennes, plus quelques boîtes de gnocchi farineux. Les automitrailleuses Fiat SPA doivent assurer la protection du convoi.

Il y a deux conducteurs par camion. La colonne a reçu l'ordre de foncer au maximum, en faisant le minimum de haltes. Les chauffeurs se relaient. « Foncer » est d'ailleurs une notion toute relative car les camions Lancia dépassent difficilement les cinquante kilomètres à l'heure.

En tout cas, ils ont traversé le Soudan en roulant jour et nuit. A l'approche de la frontière libyenne, pourtant, les officiers modifient l'ordre de marche. Les Anglais sont à Siwa et Koufra où ils disposent d'aérodromes. Il est donc fort possible que des appareils de reconnaissance patrouillent dans le désert. Compte tenu de la distance des aérodromes, ces patrouilles sont à craindre entre 11 heures du matin et 4 heures de l'après-midi. La colonne fera donc halte en milieu de journée pour se camoufler.

Mais un second problème se pose : comment franchir la mer de sable? La route la plus droite (si l'on peut parler de route) passe par Koufra. Elle est donc écartée d'office. Il y a bien un point de passage à 180 kilomètres au nord, à Zighen, mais, comme il se trouve sur l'axe Koufra-Siwa, les Anglais l'occupent sûrement.

Il faut donc passer au sud, par l'oasis de Sarra. Un détour de près de 800 kilomètres.

Tout cela, le soldat Ferrazi, qui conduit un des deux camions chargés du trésor, le sait comme tout le monde, car le colonel a expliqué la carte. Il sait aussi qu'un détour de 800 kilomètres, cela veut dire qu'il va falloir rationner l'eau. Il n'y a plus que sept camions car trois, dont le chargement a été consommé, ont été abandonnés. Un rapide calcul montre que, si le carburant restant doit suffire, il n'y aura pas assez d'eau pour alimenter le convoi jusqu'au premier puits tenu par les Germano-Italiens, au nord de Marzouk.

Ce sont les Anglais qui vont régler le problème : à 80 kilomètres de Sarra, alors que la colonne se faufile dans un défilé des premiers contreforts du Tibesti, elle tombe dans une embuscade. D'emblée, les deux automitrailleuses de tête sont immobilisées. La consigne, en pareil cas, est claire : le trésor ne doit pas tomber aux mains de l'ennemi...

– Et c'est là, poursuit Carlo Alemani, que commence l'histoire de Ferrazi. Selon lui, tandis que les deux dernières automitrailleuses contenaient péniblement les Anglais, et que déjà quatre des camions chargés de carburant flambaient comme des torches, les Italiens ont eu le temps d'enterrer le trésor dans un oued à sec.

» Le combat a duré deux heures. Ferrazi, blessé, a été capturé. Ce qui lui a sauvé la vie, puisque les Anglais lui ont affirmé que les quelques survivants possibles, sans eau et sans véhicule, étaient pratiquement condamnés à mort dans ce désert. Ils les ont d'ailleurs cherchés pendant près d'une heure mais, dans ce passage minéral et chaotique, ont dû très vite abandonner.

» Et voilà comment, aujourd'hui, Ferrazi est le seul à pouvoir retrouver le trésor...

– Je vois...

Georges Paques réfléchit. Pour un homme qui se préparait à rentrer tranquillement chez lui, il y a de quoi rester abasourdi.

Le trésor du Négus ! Les richesses mythiques du royaume du Prêtre Jean ! L'or de la reine de Saba ! Une question, pourtant, lui vient spontanément :

– Pourquoi vous adressez-vous à des Français ?

– Tout simplement, cher monsieur, parce que la zone où le trésor a été enterré est toute proche du Tchad, où vous avez des garnisons...

– Mais elle est en Libye, le coupe Georges Paques.

– Et c'est bien là le problème : si nous allions raconter cette histoire aux autorités de Tripoli, ils monteront peut-être une opération, mais je puis vous assurer que personne ne verra jamais la couleur du trésor !

L'explication est convaincante. Georges Paques a cependant un autre point à éclaircir :

– Et pourquoi vous adresser à moi ?

Carlo Alemani sourit largement :

– Allons, monsieur ! Vous êtes haut fonctionnaire au ministère de la Défense. Vous avez donc vos entrées partout et connaissez tous les rouages de l'Administration française. En outre, Mme Paques est une spécialiste de ces régions... et vous êtes l'ami de mon ami Duret.

Georges Paques est aujourd'hui à la retraite. Sur les vingt ans de prison auxquels il a été condamné pour espionnage, il en a fait sept avant de bénéficier d'une mesure de grâce en 1972.

Il vit à Paris, dans le XVIe arrondissement. Il y habite un grand appartement aux sols de marbre recouverts de tapis épais. Meubles Louis XVI, gravures et toiles aux murs, bibelots d'argent, le cadre est lumineux et raffiné. Lui est un homme souriant qui a gardé les manières affables du pouvoir.

– Je ne savais pas bien que penser de cette histoire, mais j'étais en contact avec l'homme de la situation : Constantin Melnik. Officiellement, il était haut fonctionnaire à Matignon où il avait un bureau et des fonctions assez mal définies de « conseiller » du Premier ministre. Il suffisait cependant de le voir – silhouette mince et athlétique, crâne rasé, verbe rare et incisif – pour comprendre que ce bon monsieur Melnik avait une vie cachée.

» Je lui ai téléphoné, nous nous sommes rencontrés – à la Coupole, boulevard du Montparnasse, si je me souviens bien – et lui ai exposé toute l'affaire. Il m'a écouté sans un mot, les yeux fixés sur son café en train de refroidir.

» – Bon, a-t-il dit enfin. Traduit en clair, cela signifie une violation de frontière, même si là-bas les frontières sont théoriques... Donc, un commando transporté par hélicoptère pour pouvoir faire face à toute éventualité et limiter le temps de présence sur le sol étranger... Sur le plan logistique, il faut faire parvenir deux hélicoptères gros porteurs jusqu'au Tchad. Disons jusqu'à Largeau pour être au plus près de la zone... Les hommes, pas de problème... Le point crucial, c'est la localisation précise de l'endroit où se trouvent les caisses...

» – D'après Alemani, Ferrazi se fait fort de les retrouver sans difficulté.

» Melnik a plongé sa cuillère dans sa tasse de café et commencé à faire fondre lentement un sucre inexistant.

» – ... Nous ne travaillons pas tout à fait comme cela. A supposer que nous nous lancions dans une opération de ce genre, il faudrait d'abord que le dénommé Ferrazi ait « craché » tout ce qu'il sait. Je dis bien tout. Et que nous ayons pu effectuer quelques vérifications préliminaires... Peut-il venir à Paris?

» – Je pense que oui...

» – Connaissez-vous le Village suisse, près de l'avenue de Suffren?

» – J'y flâne souvent car j'ai la passion des antiquités.

» – Parfait. Qu'il y soit lundi prochain à 14 heures à la « Haute Brocante », allée B. Quelqu'un l'attendra.

» J'ai donc demandé à Alemani de faire venir Ferrazi. Le lundi en question, à 14 heures précises, je l'ai conduit chez ce brocanteur du Village suisse. Il y avait là un curieux personnage. Un athlète de trente ans environ, aux cheveux courts, au regard perçant et à la poignée de main dévastatrice. Il portait un blouson de cuir, un blue-jean et des baskets. Les baskets m'ont un peu étonné. Surtout quand il s'est présenté :

» – Capitaine Marin! Je suis venu prendre livraison du colis.

» Le colis, c'était Ferrazi. Il s'est alors adressé à lui en italien :

» – Monsieur Ferrazi, vous venez avec moi!

» Ferrazi n'en menait pas large et il avait raison car, quand je l'ai revu deux jours plus tard, à mon bureau, en compagnie d'Alemani, il était encore blanc de peur. Il est vrai que ce « capitaine Marin » dont je n'ai jamais connu ni l'identité réelle, ni les fonctions exactes, lui avait fait le grand jeu. D'abord, une virée à Pigalle. Ensuite, une nuit entière d'interrogatoire dans un entrepôt de banlieue. Ferrazi a dû raconter toute son histoire dans les moindres détails devant un magnétophone et une carte de la région. Il n'y a qu'un point sur lequel il a refusé de fournir la moindre explication :

l'endroit précis où se trouvait le trésor et les repères qui permettaient de le retrouver. Il n'a fait que répéter : « Conduisez-moi sur place et je le retrouverai ! »

» Le lendemain matin, le « capitaine Marin » l'a embarqué dans une voiture, conduit à un terrain d'aviation au nord de Paris, et fait monter dans un petit avion piloté par un homme à la mine patibulaire. Ils ont décollé porte ouverte. A une certaine altitude, Marin a pris Ferrazi par le collet et l'a poussé de côté. Ferrazi avait la moitié du corps hors de l'avion.

» – Maintenant, lui a hurlé Marin dans l'oreille, tu vas avouer que tu as tout inventé ou je te balance dehors !

» Ferrazi n'a rien avoué du tout. Ils ont atterri, sont allés déjeuner comme si de rien n'était, et Ferrazi s'est retrouvé devant son hôtel avec l'ordre d'y rester une semaine, note payée.

» Il a attendu huit jours, mais n'a eu aucune nouvelle de personne. Il est retourné en Italie et je n'en ai plus jamais entendu parler, non plus que d'Alemani. Voilà tout ce que je puis dire sur cette affaire...

Bien qu'il ait quitté depuis plusieurs années maintenant les coulisses ténébreuses du pouvoir, Constantin Melnik reste fidèle à certaines habitudes. C'est ainsi qu'il aime toujours donner ses rendez-vous à La Coupole, à Montparnasse.

Et toujours au fond de la salle, dans l'endroit le plus bruyant. Une précaution, sans aucun doute, pour se garantir des oreilles indiscrètes. C'est donc dans le ballet des garçons et le bruit des couverts entrechoqués qu'il distille ses souvenirs :

– Une très bizarre affaire, que celle du trésor enfoui en Libye... Nous l'avons analysée sous tous ses angles, et aucun ne nous donnait vraiment sastisfaction... D'abord, le thème du survivant unique est un grand classique en la matière. Aussi classique que systématiquement faux... et notez bien que ce survivant unique est toujours un lampiste...

En outre, derrière tout cela, il y avait, à travers Alemani, l'ombre inquiétante du général Roatta... Un spécialiste incontesté de la « combinazione » bien tordue... Sans oublier que tout cela nous venait du ministère de la Défense, où nous savions déjà qu'il y avait des fuites...

– Est-ce que cette affaire vous a permis, en braquant les projecteurs sur lui, de cerner Georges Paques?

– ...

– Pourquoi n'y avez-vous pas donné suite?

– Parce que nous sommes arrivés à la conclusion que, même si elle était vraie, elle cachait un traquenard...

– Lequel?

– A l'époque, nous avons pensé qu'elle avait pour but d'attirer le noyau dur de nos services Action dans une embuscade, loin des regards, et de l'anéantir...

– Et aujourd'hui?

– Aujourd'hui, et à la lumière de l'arrestation de Georges Paques, quelque temps plus tard, je pense qu'il s'agissait d'un coup de sonde des Soviétiques pour savoir qui faisait quoi chez nous...

– Comment cela?

Geste d'agacement :

– Le vieux principe : on tire sur une ficelle et on voit bien s'il y a un grelot au bout...

– Vous étiez la ficelle et le service Action le grelot?

– Si vous voulez...

– Mais l'affaire elle-même?...

– Était sans doute vraie, car on ne prend pas les mouches avec du vinaigre...

16

« L'affaire était sans doute vraie. » Ainsi un trésor composé de monnaies anciennes, d'ostensoirs d'or, de croix épiscopales enrichies de gemmes fabuleux, de pierres précieuses, serait bien parti en 1941 d'Addis-Abeba vers la Libye.

Or la première déclaration de Fleig à Trèves en 1948, devant l'inspecteur Scherer, faisait état d'un trésor tout à fait semblable, immergé en Corse. Fleig y disait en effet :

«Au cours de transvasement de ces objets (au couvent Saint-Antoine à Bastia – note de l'auteur) *j'ai remarqué la présence (entre autres) de cinq croix épiscopales garnies de pierres précieuses, de collections de monnaies anciennes en or et en argent, de couverts et de coupes ciselées en argent... »*

S'agissait-il des mêmes objets? Il est tentant de le penser. Il faudrait alors en conclure que, contrairement à ce qu'il croyait, Ferrazi n'était pas le seul survivant de la colonne italienne. Un groupe avait réussi à s'échapper, nous le savons, mais aussi à rejoindre les lignes germano-italiennes. Invraisemblable? Pas forcément. La guerre du désert présente, aussi bien du côté anglais que du côté allemand, des cas semblables de patrouilles perdues parcourant, avec l'aide des Bédouins, des distances invraisemblables. Grâce aux indications de ces survivants, les Allemands auraient réussi à monter une expédition pour récupérer le trésor.

Invraisemblable? Non, bien au contraire, car Rommel disposait d'un spécialiste du désert tout à fait capable de se lancer dans une telle aventure.

Une des plus étonnantes figures de la Seconde Guerre mondiale : le capitaine-comte Laslo von Almaszy. Ethnologue, explorateur, pilote, homme du monde, polyglotte et sportif accompli, ce Hongrois était aussi – avec son ami anglais Pat Clayton – le meilleur spécialiste au monde du désert de Libye. Pat Clayton servait maintenant dans le Long Range Desert Group. Almaszy, lui, s'était retrouvé chez les Allemands. Hasard de la guerre...

En 1932, avec Clayton, ils avaient été les premiers Européens à passer le Kébir en venant de l'est – d'Égypte – et à ralier Koufra. Ils cherchaient tous deux une oasis légendaire : l'oasis Zarzura, « l'oasis des petits oiseaux » des contes arabes. Almaszy devait le trouver un an plus tard.

A la fin de l'année 1941, la situation de Rommel est difficile : après avoir échoué devant Tobrouk, il a dû faire retraite jusqu'en Tripolitaine. Il a décidé de réattaquer au printemps 1942, dès qu'il aura pu reconstituer ses approvisionnements. Mais, pour lancer cette attaque avec le maximum d'efficacité, il a besoin de renseignements sûrs.

C'est l'amiral Canaris qui a organisé le service de renseignements du « Renard du désert ». Étrange personnage que cet amiral oscillant sans cesse entre l'efficacité et la trahison, et qui finira pendu par les SS.

Au Caire, en tout cas, il s'est montré d'une redoutable efficacité. Dans le style le plus classique d'ailleurs : par les femmes. Elles sont deux, qui renseignent les Allemands. Il y a d'abord la troublante et lascive Hekmat Fahmi. Le type même de la beauté orientale. Un corps affolant. Des mouvements de chatte. Des yeux superbes. Mais tout cela n'est rien au regard de la fascination qu'elle exerce sur les hommes quand elle danse. Elle travaille sur la scène du plus célèbre cabaret du Caire. Le Kit-Kat. Une oasis de rêves où se retrouvent les officiers anglais. Quand elle pénètre sur scène, voilée de gaze diaphane, dans la mélodie lancinante d'une musique orientale, tout le monde retient son souffle et le retient tout au long de sa langoureuse danse du ventre.

A cet instant, plus aucun des officiers anglais ne pense à la guerre. Pas plus que, lorsque son numéro terminé, ils l'invitent à leur table. Et parfois au-delà.

Ils ont tort : la belle Hekmat Fahmi entend tout, écoute tout, et... rapporte tout aux Allemands. On ne saura jamais combien de mouvements fulgurants et géniaux de Rommel ont trouvé leur source dans le charmant désordre de sa couche aux coussins de soie...

Mais la belle danseuse du ventre n'est pas la seule à espionner les Alliés. Il y a aussi Bianca Bergami. La plus belle Européenne du Caire. La plus élégante. La plus racée. La plus troublante. Celle que les jeunes officiers fraîchement émoulus de Sandhurst n'abordent qu'en rougissant, cachant leur émoi derrière un bégaiement qui se voudrait « oxonien ».

Ils tentent leur chance, mais sans espoir : chacun sait dans toute l'Égypte en guerre que la belle Bianca Bergami est la maîtresse de l'attaché militaire américain au Caire.

Comment lutter contre les dollars avec une solde d'officier de Sa Gracieuse Majesté?

Aucun d'eux, bien sûr, ne peut se douter de la vérité : pour Bianca Bergami, les dollars ne sont pas pour grand-chose dans sa liaison, mais bien plutôt les brouillons des dépêches que, tous les deux jours, son amant expédie à Washington pour tenir le Département d'État au courant des projets tactiques anglais...

Ces brouillons, le général Rommel les reçoit régulièrement – via l'amiral Canaris – sur la table de travail de son véhicule de commandement « Mammouth » (une prise de guerre) en plein désert.

Mais jusqu'à quand? Toute la question est là, car Hekmat

Fahmi et Bianca Bergami peuvent être démasquées d'un jour à l'autre. Si les officiers anglais du désert sont souvent naïfs, l'Intelligence Service ne l'est pas. Il faut donc prévoir un réseau de remplacement prêt à prendre le relais. L'amiral Canaris y a pourvu en sélectionnant deux agents : Eppler et Sandstete. Ils arrivent de Berlin après avoir vécu pendant des années au Caire, avant la guerre. Leur « couverture » est prête jusque dans ses moindres détails : Eppler, brun aux yeux noirs et qui parle un parfait arabe littéraire, sera un jeune nabab égyptien sous le nom de Hussein Gaafar. Il aura pour ami Sandstete devenu un citoyen américain un peu fou, d'origine irlandaise, et qui ne pense qu'au plaisir.

C'est parfait. Il ne reste plus qu'une difficulté à résoudre : comment faire rapidement parvenir Eppler et Sandstete au Caire ? C'est là qu'intervient le comte Almaszy. Il propose à Rommel une solution assez extravagante, comme tout ce qu'il entreprend, mais finalement très logique : les conduire jusqu'à Assiout, en Égypte, en passant par le désert, très au sud. C'est un raid de plus de six mille kilomètres aller et retour, et qui doit passer par des régions totalement inconnues de tout autre qu'Almaszy.

Ce sera l'opération « Salam ». Une des plus incroyables aventures d'une guerre pourtant fertile en événements hors du commun. Quatre véhicules : deux voitures Ford décapotables et deux camions Bedford de type « Flitzer ». Le tout capturé aux Anglais et soigneusement remis à neuf. Pour les mener, dix hommes bardés d'armes et naviguant au sextant dans des contrées inexplorées dont Almaszy va soigneusement relever les particularités car sa grande idée est que Rommel, tout en attaquant le long de la côte, pourrait, par ce chemin que personne ne connaît, envoyer une division dans le dos des Anglais.

L'opération « Salam » sera un succès de bout en bout, permettant à Eppler et Sandstete d'arriver sans encombre – sinon sans fatigue et émotions – au Caire, mais ce n'est pas cet aspect des choses qui nous intéresse.

C'est surtout le fait qu'en mai 1942, Almaszy est passé avec deux camions très exactement à l'endroit où, dans leur fuite d'Addis-Abeba vers Tripoli quelques mois plus tôt, les Italiens « auraient » enterré le trésor du Négus.

Ainsi, la boucle est bouclée : le trésor, abandonné par le commando italien, aurait été récupéré par Almaszy lors de son voyage de retour. Quant au projet de faire passer une division par le désert, il n'avait qu'un tort : faire parcourir à des colonnes blindées une distance égale à celle qui sépare Madrid de Moscou. Or Rommel était – déjà ! – désespérément à court de carburant et il préféra la route directe qui le conduisit... à la défaite d'El-Alamein...

Cette hypothèse du « trésor du Négus » expliquerait aussi un autre point obscur de la déposition de Fleig en 1948. Si on la lit attentivement, il fait en effet allusion à deux trésors :

« *Ceci se passait fin août à Bastia,* y déclare-t-il. *Pendant deux ou trois jours, mes compagnons se sont occupés de préliminaires intéressant notre opération. Dans un couvent situé à côté d'un cimetière et occupé par des moines habillés de la robe de bure brune, mes compagnons ont pris possession de deux coffres qui ont été amenés à l'arsenal de Bastia à dos de mulets... Dans l'arsenal entouré de toutes précautions utiles, pour conserver le secret de l'opération, j'ai été chargé de transvaser le contenu de ces coffres, ainsi qu'un autre lot d'objets précieux déjà entreposés à l'arsenal, dans six grandes caisses en fer...* »

Il faut penser que deux trésors différents ont été rassemblés par le *Devisenschutzkommando* à Bastia. L'un en provenance d'Éthiopie et l'autre, fruit de ses pillages en Afrique du Nord.

Bien sûr, il faut admettre pour cela que Fleig n'a pas tout inventé. Le moment est donc venu, en ces années 1964-1968, de faire un point sur ce que l'on peut considérer comme vrai dans ses déclarations.

Cela ne va pas très loin : il s'est bien appelé Fleig avant de prendre le nom de K..., il a effectivement été à un moment de la guerre à Bastia, il a été interné à Dachau et il a pris des cours de plongée.

Tout cela fait un assez maigre potage.

Restent les présomptions de véracité. Elles sont au nombre de trois : il a convaincu un avocat allemand, Gert Fäller. Plus difficile : il a convaincu John Kilbraken et Ed Link. Enfin il y a le fait qu'à l'endroit précis indiqué par son plan en face du Golo, le *Reef Diver* a détecté une très nette anomalie magnétique prouvant qu'il y avait, au fond, sous la vase, une épave...

Force est de reconnaître que ce n'est pas beaucoup. Pourtant, pour que ce soit convaincant, il suffirait de très peu de chose en plus. Par exemple, un témoin oculaire pouvant confirmer un des points de son récit sur les événements de 1943 à Bastia.

Or, dans les années soixante, un tel témoin existe. Mais aucun des protagonistes de la recherche ne l'a rencontré...

Saint-Florent, situé au pied du cap Corse, sur sa face est, serait un ravissant petit port si, deux mois par an, il n'était envahi par la horde des plaisanciers venus de la Côte d'Azur et d'Italie.

Alain Julien a trouvé la solution : durant ces deux mois, il ne quitte pas son cabanon de la plaine du Nébio et s'absorbe, devant son écran d'ordinateur, dans une recherche qui est aussi l'aboutissement d'une vie pas comme les autres.

Alain Julien est en effet l'un des plus fascinants personnages que l'on puisse rencontrer. Dans son roman *Vingt mille lieues sous les mers*, Jules Verne fait rencontrer au capitaine Nemo, inventeur et commandant du *Nautilus*, le fameux Nicolas Pesce. Nul ne sait quand est née la légende de Nicolas Pesce, cet homme qui vivait dans la mer, devenue son véritable élément, sans jamais toucher une côte quelconque. On a voulu y voir une résurgence du dieu grec Poséidon, le Neptune des Romains, reprise par le Moyen Age et ayant acquis, à la Renaissance, la force d'une vérité dont le souvenir se perpétuera jusqu'au XIXe siècle.

Alain Julien évoque irrésistiblement la figure légendaire de Nicolas Pesce. Qu'on écoute ses souvenirs dans le soir qui tombe, qu'on l'accompagne en mer ou qu'on le regarde nager dans la houle, on comprend que l'eau est son monde depuis toujours.

Depuis qu'à seize ans, adolescent souffreteux, il nageait pour s'endurcir et, avec son vieux masque, découvrait la plus fabuleuse des épaves romaines, l'épave de Giens, bourrée de trésors archéologiques.

Au fil des années, pêcheur d'éponges, corailleur, chasseur sous-marin ou entrepreneur de travaux nautiques, il a noué un étrange dialogue avec la mer et les animaux qui la peuplent.

Mais il faudrait un livre entier pour raconter ses jeux avec les baleines, son amitié de vingt ans avec un dauphin ou ses étonnantes découvertes dans les fonds mystérieux peuplés de bêtes moins légendaires qu'on ne le croit.

Le trésor de Rommel? Comment être professionnel de la mer en Corse et ne pas en avoir entendu parler?

– Mais le trésor de Rommel, cher monsieur, ce n'est que de la fumée...

Carré, massif, le cheveu ras, l'œil bleu, il est installé sur sa terrasse, à l'ombre d'un store qui masque fort heureusement le grand soleil de juin.

– On a raconté tout et n'importe quoi sur cette affaire, reprend-il. Mais cela ne tient pas debout. Moi qui suis plongeur, par exemple, jamais il ne me viendrait à l'idée d'aller planquer quelque chose sous l'eau. C'est le meilleur moyen de ne jamais le retrouver... Bref, je n'y ai jamais cru et j'ai toujours refusé de perdre mon temps à le chercher, malgré tous les moyens techniques que je pouvais avoir... Pourtant, il y a deux témoignages qui m'ont toujours un peu troublé.

» Le premier m'a été raconté il y a plus de vingt-cinq ans maintenant par un vieux brigand sympathique qui finissait ses jours près de Saint-Florent. En 1943, il vivait à Bastia, dans une maison située dans la montagne, au-dessus du couvent Saint-Antoine. Ses fenêtres avaient vue sur une des cours du couvent. Et il m'a raconté qu'un jour de septembre 1943, à l'époque des derniers combats pour libérer Bastia, il a assisté de sa fenêtre à une scène bizarre dans cette cour.

» Des civils et des soldats allemands enfermaient des objets qu'il n'a pas très bien distingué dans plusieurs grosses caisses à munitions. Ces caisses ont été cerclées de fer, puis doublées de plaques de tôle soudées, comme si on avait voulu les rendre étanches. Elles ont ensuite été chargées avec beaucoup de difficultés à bord de deux camions militaires qui sont partis vers le port...

» Pour lui, c'était indiscutablement le trésor, mais il ne le savait pas à l'époque. Ça lui est revenu en mémoire quand on a commencé à le chercher et que le récit de l'Allemand a été connu dans Bastia.

» Le second témoignage m'est venu d'une équipe de quatre hommes qui ont un jour frappé à ma porte... ça devait être autour de 1965. J'avais déjà monté mon entreprise de travaux à la mer et réalisé mon premier port pétrolier, au sud de Bastia. Ils cherchaient un spécialiste pour les aider à « récupérer » quelque chose sous l'eau. Ils parlaient à demi-mot. Ils échangeaient des coups d'œil. Je sentais une certaine réticence chez eux. Bref, il y avait anguille sous roche. A la fin, j'ai mis les pieds dans le plat :

» – Ou vous me dites exactement de quoi il retourne, et je pourrai étudier l'affaire sur le plan technique, ou vous faites des cachotteries et on en reste là !

» Alors l'un d'entre eux, je le revois tout à fait : petit, brun, et boitant bas, qui s'était présenté comme chef mécanicien sur un des courriers de la Transat reliant la Corse au continent, a pris la parole :

» – Bon ! Mettons cartes sur table : nous cherchons le trésor de Rommel...

» J'ai souri :

» – Nous y voilà...

» – Ne souriez pas avant d'avoir entendu la suite, car nous avons de sérieuses raisons de penser savoir où il est très exactement. Contrairement à tout ce que l'on a pu raconter, ce n'est pas devant le Golo, mais au large de « la Cascade ». Vous connaissez ?

» – Entre Bastia et Erbalunga, oui, très bien.

» – Voilà ce qui s'est passé : en 1943, à l'époque où les Allemands rembarquaient vers l'Italie, je me suis trouvé un jour sur la route qui va de Bastia à Erbalunga. C'était un matin et j'allais en vélo rendre visite à un ami. Passé Miomo, j'ai été doublé par un convoi allemand qui lâchait des paquets de soldats tous les deux ou trois cents mètres, lesquels obligeaient tous les gens à rentrer chez eux. Ils avaient l'air très excité et tiraient des rafales en l'air d'abord, puis en tir à tuer, si on hésitait. En quelques minutes, ils ont vidé la route. Les gens avaient ordre de s'enfermer dans leurs maisons, volets clos. Tout contrevenant serait abattu.

» “ J'ai été intrigué et, au lieu d'obéir, j'ai lâché mon vélo dans le fossé et escaladé la colline pour me planquer dans le maquis. Ils ont tiré quelques rafales au hasard et une balle m'a blessé à la jambe. C'est depuis ce temps que je boite. Ceci étant, et malgré la douleur, j'ai pu assister de ma cachette à la suite des opérations.

» “ Les troupes allemandes quadrillaient tout le secteur depuis une bonne demi-heure, le doigt sur la détente, lorsqu'une vedette est venue croiser à toute petite vitesse juste en face de « la Cascade ». Elle est restée là toute la matinée. J'ai très nettement vu qu'ils trafiquaient quelque chose sous l'eau. Un peu comme s'ils traînaient des grappins, mais c'était trop loin pour vraiment bien distinguer.

» “ Ils sont repartis en début d'après-midi et le couvre-feu a été levé.

» “ J’ai pu me traîner jusqu’à une maison de Miomo où on m’a apporté de l’aide. Sur le moment, je n’avais aucune idée de ce que pouvaient bien faire les Allemands devant « La Cascade ». Il a fallu plusieurs années et la lecture d’articles dans la presse pour que je comprenne que j’avais assisté à la seule et unique tentative de récupération par les Boches du trésor de Rommel. Voilà pourquoi aujourd’hui, avec mes trois amis, nous cherchons un scaphandrier sérieux pour nous aider à explorer la zone...

– Vous avez accepté de travailler avec eux?
– Oui!
– Que s’est-il passé?
– Rien! Rien parce que j’ai traité cette affaire comme n’importe quel autre chantier sous-marin : j’ai fait un devis. Alors là, ils n’étaient plus du tout d’accord. Ils voulaient me payer en pourcentage des trouvailles. Autrement dit, en monnaie de singe.

» Notez bien que s’ils avaient été vraiment sûrs de leur coup, mon devis était une misère à côté de tout ce qu’il y avait à récupérer. Il faut donc croire qu’ils doutaient quand même plus qu’un peu.

» Ceci étant, ils sont revenus me voir pour tenter de me convaincre durant plusieurs années. A la fin, ils se sont même faits menaçants. Là, il a fallu que j’aie avec eux une petite explication qui a donné un coup d’arrêt très net à leurs velléités d’intimidation.

» Je n’ai plus jamais entendu parler d’eux... Voilà donc les deux moments où j’ai côtoyé – sans le vouloir d’ailleurs – le trésor de Rommel...

Voici donc deux témoignages. Pris isolément, ils n’ont pas une très grande valeur. Il n’y a rien en effet de très extraordinaire à voir une troupe qui s’enfuit enfermer des objets dans des caisses. Il peut s'agir d'archives, de matériel fragile ou des bricoles pillées çà et là. Quant au récit du chef mécanicien, il peut y avoir cinquante explications différentes sans aucun lien avec le trésor. En outre, il émane d'un homme blessé et en danger de mort, et n'est donc pas d'une fiabilité absolue.

Ils ont néanmoins un immense mérite : ils établissent en effet qu'aux dates indiquées par Fleig, il s'est bien passé quelque chose d'une part au couvent Saint-Antoine, d'autre part en mer, devant la côte corse, à un endroit où il a plongé en 1948. Peu à peu donc, le puzzle se reconstitue. Certes, il n'y a encore que deux ou trois pièces en place, aucun fil directeur ne permet de choisir un ordre plutôt qu'un autre pour le reste, mais la lente reconstitution de la vérité est en route.

Elle va faire un spectaculaire bond en avant avec Daniel Quidor.

Troisième partie

LA DERNIÈRE TENTATIVE

17

– Monsieur Quidor? Daniel Quidor?

– Qui le demande?...

– Je fais une enquête sur le trésor de Rommel. J'ai vu votre nom au bas d'un article qui m'a beaucoup intéressé.

– Comment avez-vous eu mon téléphone?

– Par le minitel.

Un temps de silence.

– Que désirez-vous?

– Vous rencontrer pour parler de cette affaire.

Re-temps de silence, beaucoup plus long que le premier, puis enfin :

– Si vous y tenez...

Daniel Quidor habite boulevard Saint-Germain, à Paris, dans la partie toute proche de l'île Saint-Louis, un appartement de célibataire bourré de peintures et de livres. Il est de taille moyenne, assez carré, et a passé la soixantaine. Deux choses frappent chez lui. D'abord, une parole toujours très lente, très posée, avec le souci d'employer le mot juste et d'en dire le strict minimum. Ensuite, un regard bleu faussement endormi.

Sur son bureau, assez encombré, des livres épars. Un coup

d'œil discret permet de voir un dictionnaire araméen, une grammaire hébreue et une vie de Kemal Atatürk. En turc.

– Combien de langues parlez-vous, monsieur Quidor?

– Pas beaucoup... l'anglais... le turc... l'arménien... l'hébreu... l'araméen... le grec... c'est pratiquement tout...

– Pourquoi et comment avez-vous été amené à vous intéresser au trésor de Rommel?

– Pourquoi? A cause d'une double passion. Celle de la plongée – j'ai commencé à plonger en bouteilles à l'âge de onze ans – et celle de l'histoire. J'adore à la fois l'archéologie et les énigmes historiques. Maintenant, vous dire comment, je crois que c'est en partant d'un film du colonel Rémy dont le titre était *L'œil du Monocle* et qui tournait autour de ce mystérieux trésor. C'était un film très drôle, mais qui n'avait pas grand-chose à voir avec la réalité. J'ai donc cherché à en savoir plus et me suis plongé dans les archives des journaux. Je suis très vite arrivé à deux conclusions. La première : il était illusoire de vouloir faire quoi que ce soit sans Peter Fleig. La seconde : toutes les expéditions avaient échoué jusque-là car Fleig n'avait jamais dit la vérité.

» Pas même à Ed Link.

– Pourquoi?

– C'est bien ce qu'il fallait découvrir! Pour cela, il fallait d'abord contacter Fleig. Je savais par les archives que son avocat s'appelait Fäller et habitait Fribourg-en-Brisgau. Il figurait dans l'annuaire de cette ville et je lui ai écrit pour lui faire part de mon désir de rencontrer son client... Vous savez, ce sont souvent les moyens les plus simples qui marchent le mieux : deux jours après, Fleig en personne me téléphonait.

C'est à partir de ce premier coup de téléphone que Daniel Quidor va élaborer toute une stratégie qu'il va puiser... dans son expérience professionnelle. Et là, il est nécessaire de faire un retour en arrière pour raconter tout de suite ce qui va apparaître beaucoup plus tard dans l'enquête : la vie « secrète » de Daniel Quidor.

Septembre 1943. Tandis que les Allemands perdent la Corse et, en Italie, refluent lentement vers le nord sous la pression de la 45e division US, Paris vit les heures les plus sombres de l'Occupation. Pour un adolescent de 16 ans comme Daniel Quidor, cela se traduit d'abord par la faim. C'est en effet le triomphe des topinambours et du rutabaga, car bien des tickets d'alimentation commencent à ne plus être « honorés » selon le pudique vocable en usage.

Daniel Quidor est élève de première au cours Carpentier, boulevard Poissonnière. Un soir, alors qu'il rentre chez lui, il fait la connaissance d'un ami de ses parents : « Monsieur Paul ». Monsieur Paul anime un mouvement issu tout droit de la philosophie du moment, le mouvement « Retour à la terre ». Sur le plan philosophique, c'est un mélange de camp de jeunesse et de rédemption du pays par le travail, dans la droite ligne de la pensée du Maréchal.

« Retour à la terre » a d'ailleurs un programme tout à fait pratique : si le travail doit sauver la France sur le plan moral, c'est le genêt qui doit faire sa prospérité sur le plan matériel. Cela fait aujourd'hui sourire. Pourtant, à l'époque, on était prêt à croire à n'importe quoi. A se raccrocher à n'importe quel espoir. Pourquoi pas le genêt?

A vrai dire, Monsieur Paul n'y croit pas tellement, lui, au genêt. « Retour à la terre » n'est qu'un écran derrière lequel se cache un réseau de renseignement et Monsieur Paul n'est autre que le colonel Paillole, correspondant du BCRA du colonel Passy, à Londres. Son rôle est de tenir Londres informé en permanence du mouvement des troupes ennemies en France, en vue du débarquement que les Alliés préparent fiévreusement. Pour ce faire, il a mis au point une technique toute simple et sans faille : les blanchisseries. Les troupes allemandes font en effet laver leur linge « en ville ». Or toutes les pièces d'équipement du soldat *feldgrau* sont marquées : nom, matricule et unité. Il suffit donc de faire régulièrement le tour des blanchisseries pour savoir qui est où...

C'est un travail simple, qui doit certes être fait avec beaucoup de méthode, mais qui ne demande pas des « James Bond ». Il suffit d'avoir un vélo qui roule à peu près et de bons mollets.

Sans oublier une discrétion à toute épreuve.

Daniel Quidor a tout cela. Le voici donc revenu un ardent propagandiste du genêt pédalant à travers toute l'Ile-de-France.

L'aventure prendra fin en août 1944, avec la libération de Paris, et Daniel Quidor pourra enfin achever ses études. C'est l'époque si bien campée par le film *Rendez-vous de juillet*. Le cinéma fascine les jeunes. Daniel Quidor devient cameraman et se retrouve au Maroc où il fait la connaissance d'une équipe qui a un projet fascinant : retrouver l'arche de Noé sur le mont Ararat. L'affaire est vite conclue : Quidor sera le cameraman de l'expédition. Pour s'y préparer, il apprend en six mois le turc et l'arménien.

Son professeur pour cette dernière langue est un comptable d'origine arménienne qui travaille dans une usine d'aviation de la banlieue parisienne. Trois soirs par semaine, Quidor se rend chez lui pour des cours de conversation.

– Un soir, explique-t-il, je suis arrivé chez lui, comme prévu. Sa porte était ouverte. J'ai frappé et je suis entré. Personne ! Je me suis avancé dans le vestibule, puis suis entré dans le salon. Toujours personne ! Mais tout un côté du salon était empli de caisses empilées avec des inscriptions en caractères cyrilliques.

» L'Arménien est arrivé à ce moment-là. Il remontait de sa cave avec une caisse dans les bras. Il l'a posée près des autres, a refermé la porte d'entrée, et est venu se planter devant moi :

» – Vous avez vu ?

» – Euh... oui.

» – Vous savez d'où cela vient?

» – Euh... on dirait de l'écriture russe...

» – Exact. Cela vient de Moscou. Je voulais vous en parler depuis quelque temps car vous avez l'air d'un garçon droit et posé...

» En fait, pour sauver la France qui était sa patrie d'adoption et qu'il voyait sur le point de sombrer dans la catastrophe qui guettait les « démocraties capitalistes pourries », mon professeur avait choisi d'aider la révolution soviétique. Il m'a longuement expliqué ses raisons et m'a proposé de le rejoindre. Je n'ai pas dit non...

Daniel Quidor est resté en contact avec son ancien chef de groupe du réseau « Retour à la terre ». Un médecin qui exerce dans le IXe arrondissement. Il va le voir et lui expose toute l'affaire. Le médecin l'écoute en hochant la tête, puis se lève pour le reconduire :

– Tu connais le Café de la Paix?

– A l'Opéra? Oui...

– Eh bien, sois-y demain soir à 18 heures.

Quand il arrive le lendemain au rendez-vous, le médecin est là, attablé avec un inconnu d'une quarantaine d'années sanglé dans un imperméable.

– Daniel, raconte ton histoire.

Quidor s'exécute. Quand il a fini, l'inconnu sort un bristol de sa poche, y griffonne un numéro de téléphone et le lui tend :

– Vous allez accepter la proposition de l'Arménien et faire ce qu'il vous demandera de faire. Voici un numéro de téléphone. Vous m'y joindrez chaque vendredi soir à 18 heures pour me faire le compte rendu de vos activités.

– Et c'est ainsi, conclut Daniel Quidor, que je suis devenu « honorable correspondant » de la section 7 du SDECE, devenu aujourd'hui la DGSE. J'y suis resté jusqu'en 1960, quand « l'archevêque » – c'est ainsi que nous appelions Jacques Foccart, chargé des affaires africaines à l'Élysée – a demandé à notre patron, Leroy-Finville, de réorienter la « section 7 » sur les affaires d'Algérie.

Lorsqu'il aborde l'énigme du trésor de Rommel, en 1975, Daniel Quidor a donc une expérience certaine en matière d'enquêtes délicates. Il sait qu'il faut progresser à tout petits pas. Si Fleig a menti jusque-là, cela ne veut pas forcément dire qu'il ait tout inventé. Il est tout à fait possible qu'il n'ait jamais eu vraiment confiance. Pourquoi? Parce que tous ceux qui ont voulu traiter avec lui sont allés trop vite en besogne et, d'une façon ou d'une autre, lui ont fait peur.

Aussi, quand le 26 janvier 1976, Peter Fleig, alias Walter K..., lui téléphone d'Allemagne pour lui proposer une rencontre, décide-t-il de prendre tout son temps et de préparer méthodiquement le terrain.

Premier point : en parler au spécialiste incontesté de toutes les « histoires tordues » qui courent la planète. Il s'appelle Philippe Bernert et exerce à *l'Aurore*, rue de Richelieu. Philippe Bernert, que Daniel Quidor connaît bien, est un cas. Il a réalisé le rêve de tous les journalistes : mener ses enquêtes à sa guise. Résultat : tous les deux ou trois jours, en page 2 de *l'Aurore*, une histoire à la fois palpitante et fracassante car il connaît tout le monde, sait tout et... devine le reste.

L'entrevue a lieu au QG de Philippe Bernert, L'Ancien Gauclair, un bar-restaurant au pied du journal et dont le patron mériterait la carte de presse, depuis le temps qu'il désaltère les journalistes tout en jurant par téléphone à leur patron « qu'il n'a pas vu ces messieurs... »

Philippe Bernert est sceptique :

– Tu te lances dans une drôle d'aventure... J'y ai pensé, moi aussi, mais j'ai laissé tomber. Il faudrait que j'y consacre au moins six mois... Il y a une chose, en tout cas, que je puis te dire : pour tout ce qui concerne les histoires de l'immédiat après-guerre en Allemagne, va voir Anthony Terry. Il sait tout...

Anthony Terry est le correspondant du *Sunday Times* à Paris. Il vit rue de Ponthieu, dans un somptueux appartement bourré d'objets d'art qui laissent penser que le *Sunday*

Times traite royalement ses correspondants. Au physique, c'est un véritable athlète. En 1942, il faisait partie des commandos anglais lâchés sur Saint-Nazaire pour détruire la base des sous-marins allemands. Une mission sans retour. C'est un double miraculé. D'abord, parce qu'il a échappé à la mort au cours de cette action qui a été une des plus meurtrières de la guerre. Ensuite parce que, capturé, il n'a pas été exécuté comme « commando » ainsi qu'Hitler l'avait ordonné.

Il a donc été prisonnier pendant quatre ans en Allemagne et en a profité pour apprendre à parler parfaitement l'allemand.

En 1945, il a réintégré les rangs de l'armée anglaise avec des fonctions qu'il définit de façon très vague. Ce qui est certain, c'est qu'il a été amené durant cette période à s'intéresser de très près aux trésors enterrés par les Allemands au cours de leurs différentes débâcles.

Et il est très sceptique en la matière :

– Croyez-moi, monsieur Quidor, des trésors, il y en a. Et beaucoup. Mais chaque fois que j'ai été mis sur la piste d'un de ces trésors enfouis, je suis arrivé sur place pour découvrir que quelqu'un était passé avant moi. C'était l'époque où une véritable noria d'anciens SS fuyaient l'Europe. Ils prenaient tous le même chemin qui passait par le Vatican où Monseigneur Hudac distribuait à tour de bras des passeports de l'UNRRA à toutes les victimes du conflit... sans s'apercevoir que des bourreaux se glissaient en douce parmi les victimes.

» Quant à l'histoire racontée par Fleig à Kilbraken à propos d'un trésor qu'il aurait indiqué au capitaine Breittenbach, elle est authentique sauf sur un point : ce n'est pas Fleig qui a indiqué ce trésor. Je le sais parce que c'est moi qui suis allé le rechercher. Il est en revanche exact que, lorsque je suis arrivé à l'endroit indiqué – c'était dans un petit village autrichien – je n'ai trouvé qu'un trou tout fraîchement creusé. Il y avait encore l'empreinte des caisses dans la terre meuble... Il faut croire que l'histoire s'est répandue et que Fleig l'a utilisée à son profit...

» Ce que je puis vous dire enfin, c'est que je n'ai jamais eu connaissance, ni par interrogatoire, ni en dépouillant les archives allemandes, d'un trésor immergé au large de la Corse.

» Cela ne veut pas dire pour autant que l'histoire soit fausse et, en tout cas, je ne voudrais surtout pas vous décourager. Je dirai même plus : si vous avez besoin de quelqu'un pour vous aider, je suis votre homme!...

– OK! Vous parlez parfaitement allemand, ce qui n'est pas mon cas. Je vais appeler Fleig. Pouvez-vous prendre avec lui un rendez-vous pour moi. Attention au problème de l'interprète : je ne parle que l'anglais et le français...

18

Le 29 janvier 1976, Quidor rencontre Fleig pour la première fois. L'entrevue a lieu à Fribourg, dans le quartier Wiengarten. Fleig – alias K... – a choisi une petite auberge dont le patron a épousé une Anglaise. Elle servira d'interprète.

C'est une femme splendide et Daniel Quidor note que Fleig passe son temps à la dévorer des yeux et à faire le joli cœur. Voilà donc son point faible ! Pour le reste, la discussion n'aboutit pas à grand-chose. Fleig est très méfiant. De toute évidence, il est partagé entre deux sentiments contradictoires : d'un côté, il a envie de déclencher une nouvelle expédition – c'est d'ailleurs lui qui a contacté Quidor – mais, de l'autre côté, il a peur.

En ce qui concerne le récit des événements qu'il a vécus en 1943, il s'en tient à la dernière version en date : celle donnée à John Kilbraken et Ed Link. Daniel Quidor sait qu'elle est fausse, mais comprend aussi que l'obtention de la vérité sera une œuvre de longue haleine. Il se garde donc bien de discuter ce point, se réservant de le faire plus tard. Ce qui est urgent, pour l'instant, c'est de « bloquer » l'affaire. Autrement dit, de signer tout de suite un contrat avec Fleig.

Qui dit contrat dit Gert Fäller, qui est toujours le conseiller juridique de Fleig. Rendez-vous est donc pris chez l'avocat pour le lendemain.

Un rendez-vous qui va durer quatre heures d'horloge! Quatre heures pour mettre au point et signer le document suivant :

Le présent contrat est conclu entre :

1. Monsieur Walter K... 7800 Freiburg i. Br.,
2. Monsieur Gert Fäller, Schlangenweg 2, 7800 Freiburg i. Br.,
3. Monsieur Daniel Quidor, 36, boulevard Saint-Germain, 75005 Paris,

I. Les contractants se fixent comme objectif commun de retirer des flots un trésor de guerre immergé en Corse en septembre de l'année 1943 et de procéder à sa réalisation.
M. K... et M. Fäller connaissant l'endroit susceptible d'être le lieu approximatif de la découverte, ils organisent l'opération de recherche à entreprendre et engagent à cet effet une entreprise de plongée compétente.
M. Quidor est chargé d'obtenir une disposition contractuelle auprès du ministère français de la Marine.

II. Jusqu'au 31.5.1976, M. Daniel Quidor est le représentant exclusif en cette affaire auprès de toutes les autorités françaises pouvant être concernées. MM. Walter K... et Gert Fäller s'engagent à s'abstenir jusqu'à l'expiration de ce délai de toute démarche visant à conclure un contrat avec le ministère français de la Marine. Au cas où des négociations susceptibles d'aboutir seraient en cours jusqu'à cette date, le mandat de représentation de M. Quidor sera prorogé. Toutefois, si le ministère de la Marine n'aura même pas présenté un projet de contrat, MM. K... et Fäller cesseront d'être liés par les obligations qui leur incombent en vertu du présent contrat.

III. M. Quidor fera tout son possible pour négocier la quote-part la plus élevée possible, déterminée – après déduction des frais – à partir du résultat positif des recherches. En aucun cas, il ne sera tenu responsable du pourcentage que le ministère de la Marine voudra bien accorder. Si toutefois ce taux était inférieur à 50 % de la valeur commerciale nette (après déduction des frais) du bien trouvé, M. K... et M. Fäller seront libres d'accepter ou non le projet du ministère de la Marine.

IV. Dans l'hypothèse où un contrat serait effectivement conclu, M. Quidor recevra une participation de 10 % sur les gains nets – après déduction des frais – revenant à M. K... et M. Fäller. Ceci est également valable dans le cas où, selon les termes du contrat passé avec le ministère de la Marine, la part revenant aux sieurs K... et Fäller serait inférieure à 50 %, et que la proposition de contrat aurait été acceptée. Le principe est donc arrêté que M. Quidor bénéficiera de 10 % calculés sur la part revenant aux contractants allemands après déduction des frais. Cette part devra être versée (au bénéficiaire susmentionné) par M. K... et M. Fäller en Suisse ou en Allemagne, en monnaie suisse ou allemande.
Sur les 10 % revenant à M. Quidor, une avance de 4 % lui sera versée solidairement par les deux parties. Les 6 % restant seront à la charge de M. K... qui les prélèvera sur sa part. M. K... donne cependant à M. Fäller mandat irrévocable de procéder au recouvrement et au versement, de façon que M. Quidor obtienne en un unique versement les 10 % qui lui sont dus.

V. Concernant le contrat à conclure avec le ministère français de la Marine, M. Quidor s'efforcera d'y faire figurer les dispositions ci-après :
- *a) les recherches se dérouleront sous la protection de la marine française;*
- *b) la zone de recherche concernée sera interdite à d'autres plongeurs pendant la première recherche, et elle le restera même après une première recherche qui se serait révélée infructueuse;*
- *c) les spectateurs qui n'auraient pas explicitement reçu notre autorisation, ainsi que des perturbateurs éventuels seront tenus à l'écart;*
- *d) deux sous-marins de poche seront mis gratuitement à notre disposition pour les recherches;*
- *e) dans le cas d'un aboutissement des recherches, le trésor sera placé sous scellés selon les formalités douanières et amené non pas en Corse, mais à la côte française de la Méditerranée;*
- *f) le trésor sera alors transporté vers une banque suisse à Genève;*
- *g) les opérations mentionnées aux paragraphes e) et f) seront*

également effectuées sous la protection militaire de la marine française;

h) un comptage quantitatif et qualitatif suivi d'une estimation seront effectués à la banque suisse avec la collaboration d'experts à présenter par les deux parties;

i) l'estimation sera établie exclusivement selon la valeur vénale effective, c'est-à-dire pas uniquement selon la valeur des seuls matériaux, mais le cas échéant aussi selon des valeurs en commerce d'art;

k) en cas d'écarts entre les estimations, on se basera sur la moyenne arithmétique de ces dernières;

l) dans un délai d'un an au plus à compter de la date de dépôt, un acompte convenable sera versé;

m) le règlement en marks allemands sera versé sur un compte suisse ouvert par M. Fäller;

n) le contrat conclu en juillet 1948 entre M. K... (nommé Fleig dans ce contrat) et le ministère français de la Marine ne fonde plus aucun droit pour aucune des parties contractantes.

VI. L'ensemble des contractants s'engage à ne pas entreprendre de démarches, ni directes ni indirectes, susceptibles de mener à une exploitation journalistique de l'affaire, même si de telles publications se limiteraient à diffuser l'information selon laquelle l'intention de rechercher et de retirer des flots le trésor de Rommel subsiste. Il est également interdit de rendre publiques de telles informations par la radio, la télévision ou des livres. MM. K... et Fäller se réservent le droit de publication au cas où les recherches seraient perturbées d'une façon quelconque. MM. K... et Fäller s'engagent à ne pas résilier le présent contrat conclu avec M. Quidor, si des publications ont lieu en France et qu'il s'avère que M. Quidor n'en est pas responsable. Si l'opération de recherche est couronnée de succès, M. K... et M. Fäller se réservent le droit d'autoriser des publications à ce sujet ou non. Si l'aboutissement de l'opération de recherche n'est pas rendu public d'une autre manière, les participants, avant toute décision de publication, se devront de ne pas négliger les risques de chantage et d'enlèvement auxquelles ils s'exposeraient inutilement dans le cas d'une publication.

Fribourg/Paris, le 27 février 1976

(Signatures)

Le cadre juridique étant ainsi tracé, il reste à convaincre Fleig de dire enfin la vérité. Cela va prendre... quatre ans! Quatre ans durant lesquels Daniel Quidor va réussir peu à peu à mettre Fleig en confiance, aidé en cela par trois interprètes bénévoles plus jolies l'une que l'autre. Quatre ans de visites réciproques, de soirées au coin du feu et de virées dans les boîtes de Fribourg ou de Pigalle (où d'ailleurs Fleig devient une « figure », ce qui n'enchante qu'à moitié Daniel Quidor qui a appris à la « section 7 », le prix du silence et de la discrétion).

Mais quatre années qui vont aussi permettre à la vérité, bribe par bribe, d'émerger de l'océan de brouillard dans lequel Fleig, alias K..., l'avait volontairement noyée.

Pourquoi?

Parce que Fleig n'avait jamais été en confiance, d'une part, et aussi parce que, sous des apparences un peu frustes, il est rusé. A chaque fois, il a lâché le moins important pour bien prendre le temps de voir comment se comportaient les gens. Et l'expérience lui a donné raison. Prenons les autorités françaises. Il espérait cinquante pour cent du trésor. On lui a offert 7 000 francs (anciens) par semaine... De même, il avait sans aucun doute confiance en Me Cancellieri... mais pas forcément en certains de ses associés. Quant à John Kilbraken, deux versions circulent. Celle du lord et journaliste anglais, qui affirme que Fleig a pris contact avec lui après la publication d'un article signé « Kilbraken » et consacré à l'affaire dans un magazine allemand, et celle de... Fleig.

Elle est toute différente.

Fleig, en effet, affirme aujourd'hui [1] que ce n'est pas du tout lui qui a contacté John Kilbraken. Selon Fleig, Lord Kilbraken était à l'époque membre de l'Intelligence Service, grâce à quoi il l'a retrouvé. Toujours d'après Fleig, il est venu le voir et, sans le menacer, a fait pression sur lui.

1. Entretien du 12 avril 1989 en présence de D. Quidor.

C'est là que Fleig a décidé de prendre les conseils d'un avocat de la ville, Me Fäller.

Ils ont fini par accepter les propositions de John Kilbraken, mais la confiance régnait si peu que Fäller a posé comme condition d'être présent à bord du *Sea Diver* durant toute l'opération.

Ou plus exactement durant toute la première partie de l'opération car, en indiquant le Golo comme zone de recherche, Fleig – avec l'accord de Fäller – ne disait pas toute la vérité.

Il n'en disait que la partie la moins intéressante.

Si cette première recherche – tout à fait susceptible de donner des résultats – se déroulait sans anicroche, alors il exposerait sans plus de réticences la totalité de l'histoire et mettrait tous ses renseignements sur la table en dévoilant enfin la vérité.

Cette vérité, la voici telle que Daniel Quidor a pu, en 1979, la reconstituer.

Walter K... est né en 1919 à L..., en Souabe. En 1938, à l'âge de 19 ans, il s'engage dans la Waffen-SS. En 1939, à la déclaration de guerre, il est caporal. La campagne de France va faire de lui un sergent. En 1941, il franchit avec les troupes allemandes le Bug, qui sépare la Pologne de l'Union soviétique. L'opération Barbarossa vient d'éclater comme un coup de tonnerre. 600 000 hommes et 60 000 véhicules se ruant vers Moscou en une marche triomphale qui va peu à peu se ralentir pour se figer enfin dans l'hiver russe.

Walter K... va réchapper de cet hiver 1941-1942 qui va coûter la vie à tant de ses camarades : au cours d'un accrochage à une centaine de kilomètres de Moscou, il est très gravement blessé à la tête par un éclat d'obus.

Soigné dans un petit hôpital militaire de Pologne, il n'en sortira, plus ou moins rétabli, qu'au milieu de l'année

1943. Il passe devant une commission de réforme qui le juge inapte au combat. Mais il n'est pas pour autant renvoyé dans ses foyers : l'Allemagne, qui voit fondre ses effectifs dans le creuset de l'Armée rouge, a besoin de tous ses hommes. Et surtout d'un sergent de la SS, le type même de l'homme de confiance. Il est donc versé dans la gendarmerie militaire et expédié en Italie.

Dans la région de La Spezia.

Et c'est là qu'un soir de septembre 1943, il est chargé, en tant que *Feldgendarme*, d'arrêter trois hommes qui viennent de débarquer à l'arsenal d'une barge en provenance de Bastia.

Leur situation, en effet, n'est pas nette : deux d'entre eux portent des uniformes et des grades de la *Allgemeine* SS, l'Ordre noir de Himmler, mais n'ont pas d'ordre de mission et leur *Soldbuch* (livret militaire) n'est pas clair du tout. Leurs grades – colonel Dahl, major Schmidt et capitaine Fleig – n'impressionnent personne : dans les débâcles, il y a toujours des déserteurs qui se « donnent du galon » pour franchir plus aisément les barrages.

Pour le *Feldgendarme* Walter K..., cette arrestation fait partie de la routine. Tout au plus a-t-il noté que l'un des trois hommes porte le nom que lui-même a porté jusqu'à l'âge de 14 ans : Fleig. Peter Fleig. Un nom d'ailleurs assez répandu.

De même, la comparution le soir même des trois hommes devant le tribunal militaire fait partie de la routine. Son travail est d'extraire les trois prévenus de leurs cellules, derrière le poste de garde principal, de les convoyer jusqu'à la ville de Massa, à quelques kilomètres, où siège le tribunal et d'attendre la fin de l'audience soit pour les libérer – en les saluant, car ils sont officiers – soit pour les ramener dans leur cellule « pour suite à donner ».

A 6 heures du soir, le 16 septembre, Walter K..., escorté d'un piquet de quatre hommes en armes, les fait monter dans un camion Opel Blitz, prend place à côté du chauffeur et se met en route pour Massa. Le tribunal militaire siège à l'Hôtel de Ville devant lequel le camion s'arrête vingt minutes plus tard dans un grincement de freins.

L'interrogatoire des prisonniers commence aussitôt.

Le *Feldgendarme* Walter K... dresse l'oreille car l'histoire qu'ils racontent n'est pas banale. C'est le colonel Dahl qui parle le premier :

– La Corse étant sur le point d'être perdue, j'ai reçu la mission de récupérer à Bastia un certain nombre d'objets de valeur appartenant au Reich et de les rapporter en Italie, ici même. Là, je devais former un convoi et prendre la route de l'Allemagne.

– Qui vous a investi de cette mission?

C'est le président du tribunal, un général de la Wehrmacht, qui a posé la question.

– Le *Reichsmarschall* Himmler.

– Où est votre ordre de mission?

– Il n'y en a jamais dans ces sortes d'affaires.

– Comment avez-vous gagné Bastia?

– Grâce à une vedette lance-torpilles réquisitionnée à La Spezia.

– Il n'y a pas trace de votre passage dans les registres de la base.

– Je n'ai pas signalé ma présence. Mes ordres étaient d'agir avec le plus de discrétion possible.

– Continuez.

– A Bastia, j'ai fait procéder à l'emballage des objets et à leur chargement dans deux camions récupérés sur les Italiens.

– Quels étaient ces objets?

– Je n'ai pas le droit de le dire.

– Continuez.

– Le port a été attaqué par des chasseurs-bombardiers. J'ai donc décidé de brusquer le départ. J'ai fait charger les deux camions sur une barge et nous avons appareillé. Mon plan était de me tenir à l'abri de la terre en remontant le long du cap Corse. Il était 17 h 30 à peu près lorsque nous avons appareillé. Une heure plu tard, j'ai dû faire demi-tour car sur l'horizon, une escadre que j'avais tout lieu de penser hostile me barrait la route.

» Le port de Bastia était devenu trop dangereux. J'ai donc décidé de passer la nuit quelques kilomètres plus au sud, devant l'embouchure d'un petit fleuve, le Golo. J'espérais trouver la mer libre le lendemain matin et pouvoir regagner La Spezia. Entre-temps, nous avions constaté que la barge était trop lourdement chargée. J'ai donc décidé de faire basculer un des deux camions, celui qui contenait les choses les moins intéressantes, à la mer. Au lever du jour, j'ai soigneusement relevé la position par rapport à la côte et nous avons poussé le camion par-dessus bord. Ensuite, nous avons repris notre route vers le nord.

» Nous avions dépassé Bastia depuis une demi-heure à peu près lorsque les attaques aériennes ont repris. J'ai fait serrer la côte, mais cela n'a pas empêché qu'un chasseur-bombardier nous attaque. C'est là que l'accident est survenu : il a fait une première passe et a largué ses bombes. Elles sont tombées très près de la barge, ont soulevé une énorme vague qui a imprimé à la barge une très forte gîte, et le camion a glissé à l'eau.

» L'appareil se préparait à effectuer une seconde passe d'attaque à la mitrailleuse lorsqu'une batterie de Flak installée sur la côte l'a pris à partie et l'a envoyé percuter la mer.

– Qu'avez-vous fait?

– J'ai pris les relèvements sur la côte pour repérer l'endroit où était tombé le camion et suis retourné à Bastia pour tenter d'organiser une opération de récupération. Nous avons échoué et j'ai repris le chemin de La Spezia.

Interrogé à son tour, le major Schmidt va déclarer qu'il n'a rien à ajouter à la déclaration de son supérieur.

C'est à Peter Fleig, maintenant, de parler. Son cas est un peu différent car il travaillait, lui, à l'arsenal de La

Spezia et a été « réquisitionné » par le colonel Dahl. C'est un Allemand originaire des Sudètes qui, avant la guerre, travaillait déjà à La Spezia comme scaphandrier. Il a été mobilisé sur place en 1942 pour participer à la maintenance des navires de l'Axe.

Il confirme le récit du colonel Dahl et ajoute une précision, car il n'est tenu, lui, par aucun secret. Il a vu au couvent Saint-Antoine le trésor qu'il décrit : des monnaies anciennes d'or et d'argent, des croix épiscopales, différents objets du culte enrichis de pierres précieuses, des lingots d'or – plusieurs centaines – ainsi que plusieurs kilos de pierres de toutes sortes : diamants, saphirs, émeraudes...

Walter K... écoute de toutes ses oreilles, fasciné. L'audition des accusés est terminée. Ils sont conduits dans une pièce sans fenêtres et enfermés à clef. Les « Feldgendarmes » montent la garde dans le couloir. Ils ne quittent cette pièce que le lendemain matin.

On ne sait pas ce qui s'est passé entre-temps. On peut imaginer que le général qui présidait le tribunal a téléphoné à Berlin pour joindre soit Himmler, soit un de ses proches collaborateurs. Himmler était d'une méfiance maladive. Peut-être a-t-il pensé que les trois hommes avaient caché le trésor dans l'idée de le récupérer plus tard, et a-t-il décidé que le doute ne profiterait pas aux accusés. Quoi qu'il en soit, Dahl, Schmidt et Fleig ont été condamnés à mort et fusillés au petit matin. Même Peter Fleig, à qui on ne pouvait pas reprocher d'avoir déserté, puisqu'il était, lui, et indiscutablement, en service commandé. Il avait d'ailleurs beaucoup insisté sur ce point devant le tribunal.

Walter K... n'a jamais dit s'il avait assisté à l'exécution. Il a simplement indiqué que les trois cadavres avaient été enfouis dans le cimetière de Massa.

La ville de Massa s'est considérablement développée depuis la fin de la guerre, avec le boom économique italien. Des zones industrielles ont poussé comme des champignons dans ses faubourgs, de part et d'autre de la route nationale qui joint La Spezia à Rome.

L'Hôtel de ville, lui, n'a pas changé. Il développe toujours sa vaste façade ocre aux entourages de fenêtres blancs soulignés de corniches sculptées. Mais, malgré toute la bonne volonté des employés municipaux, il n'y a plus aucun témoin de cette époque. Tout ce que l'on sait, c'est que les Allemands ont bien occupé les lieux. Notamment la salle du tribunal civil. Pour le reste, mystère... On ne peut qu'imaginer, un matin de septembre 1943, trois soldats fatigués, mal rasé, aux uniformes fripés, foulant le sol de marbre pour leur dernier voyage.

On accède au cimetière de Massa, situé à flanc de coteau, par une allée de cyprès qui donne sur une place demi-ronde bordée par des marchands de fleurs et de plaques souvenirs.

Passé la grille de fer qui le ferme, les bureaux du gardien sont sur la droite.

« *Soldati tedeschi !* » La jeune fille qui tient les registres, derrière le comptoir, ouvre des yeux ronds puis, après un moment de réflexion, se lève sur un « *momento* » chantant pour aller chercher le gardien-chef.

Il arrive avec un visage désolé :

– Non, *signore*, nous n'avons plus de tombes allemandes dans le cimetière. Tous les corps ont été rapatriés en Allemagne il y a cinq ans.

– Y avait-il beaucoup de tombes ?

– Une cinquantaine.

– Avez-vous les registres de l'année 1943 ?

– Oui, mais nous n'y notions pas les inhumations de soldats allemands.

– Qui était enterré dans le carré allemand ?

– Essentiellement des blessés du front qui mouraient à l'hôpital de Massa.

– Qui entretenait le carré allemand?

– Nous.

– Vous l'avez donc bien connu. Y avait-il des tombes anonymes?

– Oui. Trois...

19

Dahl, Schmidt et Fleig sont morts. Walter K... peut mettre à exécution le projet qu'il a mis au point pendant la nuit : il subtilise dans le dossier – désormais classé – les papiers d'identité de Peter Fleig et... les deux relevés topographiques établis par le colonel Dahl et indiquant avec précision les endroits où ont coulé les deux camions.

Un devant le Golo et un au nord de Bastia.

Son idée, bien sûr, est de se rendre en Corse après la guerre pour récupérer le trésor dont il est désormais le seul à connaître l'emplacement exact.

Car la guerre prendra bien fin un jour ou l'autre. Walter K... en est persuadé, tout comme il est persuadé que cela se terminera mal pour l'Allemagne. Les dignitaires nazis peuvent se leurrer, mais ils ne peuvent pas leurrer un paysan souabe qui voit bien que l'affaire se dégrade un peu plus chaque jour. En Russie, la VIe armée de von Paulus a capitulé à Stalingrad. L'Afrique du Nord est perdue, et avec elle la Sicile, la Sardaigne, la Corse et la moitié de l'Italie. Chaque nuit ou presque, les bombardiers alliés viennent par vagues de plus en plus importantes bombarder les villes allemandes. On est loin de la *Blitzkrieg* et des avances triomphales au son des fifres et des tambourins chers aux lansquenets.

Oui, tout cela va mal se terminer et il sera sûrement utile, à ce moment-là, de disposer d'une identité de rechange. Celle de Peter Fleig, par exemple, qui n'a rien à se reprocher.

Walter K... va finir la guerre avec la IIe armée allemande, qui occupera jusqu'à la fin le nord de l'Italie. En mai 1945, elle fait mouvement sur l'Allemagne, vers la zone américaine. Après un tri rapide, les soldats US démobilisent tout le monde sauf les SS, qu'ils dirigent sur Dachau pour procéder à quelques enquêtes plus approfondies.

Walter K..., *Feldgendarme* SS – il n'a pas osé ou pas pu utiliser l'identité de Peter Fleig – est du nombre. Il va y passer quelques mois avant d'être relâché car il ne figure pas sur les listes de criminels de guerre.

Il a toujours sa fausse identité et les deux croquis établis d'après les déclarations du colonel Dahl. La suite est connue : école de scaphandriers à Hambourg et demande de visa pour la Corse au commissariat de Trèves.

Walter K... va en outre raconter à Daniel Quidor comment, en 1948, il a, au cours d'une de ses plongées clandestines de week-end, vu le trésor par 35 mètres de fond. Celui du second camion, au nord de Bastia.

Le relevé du colonel Dahl que Walter K... a transposé sur un fragment de carte de la *Kriegsmarine* situe le camion entre le cap Sagro et Macinaggio. Il comporte quatre lignes de relèvement sur Macinaggio, Tomino, Meria et Porticciolo. Relèvements cotés : 322, 279, 270 et 264 degrés. Ils correspondent à un point situé à 800 mètres en mer par un fond de 76 mètres...

– C'est là que vous avez plongé en 1948 et vu le camion? demande Quidor à Walter K...

– Oui! Le camion était renversé, les roues en l'air. Les caisses étaient éparses autour, à moitié enfoncées dans le sable. Je me souviens très bien aussi que l'eau était comme striée et beaucoup plus froide à cet endroit-là...

– Cela, Walter, veut dire qu'il y avait une source sous-marine à proximité...

Daniel Quidor regarde longuement le fragment de carte de 10 centimètres sur 10 sur lequel sont portés les relèvements et le point auxquels ils correspondent. Toute son expérience de plongeur lui dit qu'il est impossible à un « pieds-lourds », surtout alimenté par une pompe à bras, de se promener tranquillement par 76 mètres de fond.

Donc, soit Walter K... ment une fois de plus lorsqu'il affirme avoir vu le camion, soit la carte est fausse.

A priori, la seconde hypothèse est la bonne. Le colonel Dahl a en effet effectué ses deux relèvements, un devant le Golo et un le long du cap Corse, dans des conditions toutes différentes. Devant le Golo, quand l'équipage a poussé le premier camion à la mer, la barge était à l'ancre, le soleil se levait, éclairant parfaitement la côte, et il a eu tout le temps de prendre des visées soignées.

Le long du cap Corse, au contraire, la barge subissait une attaque. Le camion est tombé accidentellement à la mer dans une ambiance plutôt tendue. Un autre appareil pouvait surgir d'une seconde à l'autre. Les relèvements ont donc très certainement été faits « en catastrophe ».

Avec toute la marge d'erreur que cela peut comporter.

Cela introduit déjà un sérieux doute sur la valeur des chiffres.

Mais il y a un autre point que Daniel Quidor ne peut pas non plus écarter. Les chargements des deux camions étaient de valeurs tout à fait inégales. Le fait que le premier ait été volontairement immergé prouverait qu'il transportait les choses les moins intéressantes.

Sa position pouvait être indiquée avec exactitude. Le second, au contraire, transportait le vrai trésor. Un trésor dont le colonel Dahl était comptable devant Himmler. Et Himmler seul. Sûrement pas, en tout cas, devant des officiers de la Wehrmacht, aussi haut gradés fussent-ils.

Il aurait donc commis une faute en leur indiquant

l'endroit extact où il se trouvait. Il est alors tout à fait vraisemblable qu'il ait menti sur ce point.

Walter K... aurait dans ce cas recopié une information inexacte, et serait tombé sur le camion par hasard.

C'est en tout cas la conclusion de Daniel Quidor, en ce mois de mai 1979. Il ne lui reste donc plus qu'à explorer la ligne des 30 à 40 mètres en partant de Macinaggio et en se dirigeant vers le sud, à la recherche d'une épave d'avion...

– Nous avons fait trois campagnes en 1979, 1980 et 1981...

Daniel Quidor reprend son récit posément. Ce qui frappe chez lui, qu'il soit en costume de ville à Paris ou en tenue de plongée à la recherche du trésor, comme cela sera le cas en juillet 1990 pour sa quatrième campagne, c'est son esprit de méthode.

– Je dis nous, poursuit-il en rangeant son dossier sur une étagère de son bureau, parce que je ne me suis pas lancé seul dans l'aventure. J'en ai parlé à un de mes amis, ancien officier de marine et travaillant au CNEXO (Centre national d'exploitation des océans), avenue d'Iéna à Paris, pour lui demander s'il connaîtrait une équipe susceptible de venir m'aider dans ma recherche. Il m'a présenté à Jacques Dumas, président de la Fédération mondiale des sports subaquatiques, que l'affaire a beaucoup intéressé...

En 1979, Jacques Dumas et Daniel Quidor vont effectuer une première campagne de repérage, qui va permettre de définir la meilleure méthode de recherche. Ils en arrivent, près de trente ans après, aux mêmes conclusions qu'Henri Helle : le plus efficace est encore l'inspection avec une ligne de plongeurs progressant de front.

Ce sera le thème de la campagne de 1980. Pour cette campagne, Jacques Dumas fait appel à un de ses amis, plongeur chevronné tout comme son fils : le docteur D..., de Nice. Le docteur D... possède une grosse vedette, le *Lion de mer*, propulsée par deux diesels. Il accepte de la mettre à la disposition de l'expédition et d'assurer les frais techniques de la recherche, avec l'aide d'un de ses amis. En outre, il assurera le voyage de Walter K... jusqu'à Nice, et son retour en Allemagne. Daniel Quidor pense en effet que la présence de Walter K... peut être un atout précieux. Mis « en situation », il peut retrouver certains détails sur la côte qui feront gagner un temps précieux.

Walter K... se laisse convaincre assez facilement de venir en Corse : il n'y a pratiquement plus de contrôles frontaliers entre la RFA et la France et, de toute façon, si par hasard il figure toujours sur une liste de personnes recherchées, c'est sous le nom de Peter Fleig. Le seul que connaissent les autorités françaises.

Gert Fäller, en revanche, et bien que cosignataire du contrat établi en 1976 avec Daniel Quidor, ne juge pas nécessaire de se déplacer. Sur le moment, et bien que cela tranche avec son attitude de 1963, lors des recherches d'Ed Link, où il avait exigé d'être là, cela n'étonne personne.

Le docteur D... a quand même demandé quelques garanties en contrepartie de son engagement matériel. Un second contrat va donc être passé entre Jacques Dumas, Daniel Quidor, le docteur D... et son ami :

« Il a été convenu par contrat ce qui suit :

1) M. Quidor détient des informations concernant une épave, qui contient éventuellement des lingots d'or et/ou d'autres valeurs. Les soussignés P.R., G.D. et J. Dumas sont d'accord pour mettre à la disposition de M. Quidor tous les moyens techniques et les spécialistes pour tenter de repérer cette épave et en cas de succès de la ramener à terre.

2) M. Quidor aura le titre de directeur général de l'opération et P.R. aura le titre de directeur technique et capitaine du bateau.

3) Les soussignés P.R., et G.D. prendront M. Quidor à bord du bateau de recherche dans un port français continen-

tal et M. Quidor y sera hébergé sans frais jusqu'à la fin des recherches. M. Quidor remettra ses informations concernant le lieu de l'épave quand il sera à bord du bateau.

4) En cas d'échec des recherches, les soussignés ne pourront réclamer aucune indemnité à M. Quidor et aucun signataire ne pourra non plus réclamer de remboursement de dépenses à un autre.

5) En cas d'échec de la recherche, les soussignés s'engagent à ne pas effectuer de recherche ultérieure sans la présence ou l'accord écrit de M. Quidor. Dans ce cas toute recherche ultérieure sera soumise aux mêmes conditions que celles du présent contrat, sauf convention contraire écrite.

6) En cas d'échec de la recherche, les soussignés pourront séparément et sans besoin d'accord réciproque publier le récit de la recherche, mais sans révéler les noms des autres partenaires ni aucun détail qui pourrait les faire reconnaître.

Ces publications éventuelles se feront au seul profit de leur auteur.

7) Si l'épave peut être repérée et son chargement ramené à bord, alors le bateau fera mouvement vers un port français continental. Les partenaires se mettront d'accord sur le choix du port de même que sur les diverses formalités administratives à effectuer.

8) Les valeurs sauvées seront partagées de la manière suivante :

– 40 % à M. Quidor, lequel sur cette part reversera la moitié, c'est-à-dire 20 % à M. K..., ce dont il fait son affaire personnelle.

– 40 % à MM. P.R. et G.D., ce qui rémunérera tous leurs frais quelconques de recherche, notamment de bateau, de matériel, de carburant, ainsi que la rémunération des plongeurs devant participer aux recherches et dont MM. P.R. et G.D. font leur affaire personnelle.

– 20 % à M. Dumas, qui sur cette part rémunérera un certain M. X..., ce dont il fait son affaire personnelle.

9) Les bénéficiaires de chacune des parts ci-dessus déterminées font leur affaire personnelle des formalités légales.

10) En cas de succès de l'opération, les parties soussignées s'engagent à en conserver le secret et à ne jamais en publier le récit. Seules les autorités pourront être informées pour l'exécution des formalités.

11) Les présentes dispositions annulent ipso facto toutes dispositions antérieures.

En fait, si on analyse ce contrat, on s'aperçoit qu'il annule tout simplement les accords passés en 1976. Gert Fäller, en effet, n'y figure plus. Dix ans plus tard, il le reprochera à Daniel Quidor alors qu'il avait omis, en 1976, de lui faire part d'un détail aussi secret que capital... Mais chaque chose en son temps.

21

En ce mois de juillet 1980, le *Lion de mer*, après une traversée sans histoires, vient s'amarrer à la toute nouvelle jetée de Macinaggio, au nord du cap Corse. Il transporte, outre le docteur D..., son fils et son ami, Walter K..., Jacques Dumas et Daniel Quidor.

L'ambiance à bord est plutôt joyeuse. Jacques Dumas et le docteur D... parlent en effet parfaitement l'allemand. Walter K..., mis en confiance, se révèle être un joyeux drille. D'autant plus joyeux que les quais du port et le front de mer regorgent de jolies filles plus ou moins dévêtues – plutôt plus que moins – et qu'il faut parfois lui rappeler qu'il a quand même un travail à faire.

Et pas n'importe lequel : quinze kilomètres de côte à explorer.

Chaque matin, donc bouteilles de plongées gonflées à bloc grâce au compresseur du bord, le *Lion de mer* appareille, va se positionner au point marqué la veille par une bouée à l'endroit où les recherches ont cessé, et les plongées recommencent.

Au passage, une pointe a été poussée jusqu'à l'endroit indiqué par la carte du colonel Dahl. Dumas et Quidor ont plongé. Ils sont restés un quart d'heure au fond mais n'ont rien vu.

C'est le septième jour, par le travers de Meria, dans un fond de 30 mètres, que Jacques Dumas, qui nage à l'extrême droite du dispositif, aperçoit soudain... un avion.

Il balise aussitôt l'endroit avec son flotteur attaché à un plomb et prévient les autres plongeurs. Bien que très abîmé – les deux moteurs sont arrachés et gisent à une trentaine de mètres de là – l'avion est parfaitement identifiable. C'est un B25 Mitchell [1] datant indiscutablement de la dernière guerre. Avion d'attaque au sol et bombardier léger, c'est le type même d'appareil susceptible d'avoir attaqué la barge en 1943.

Hélas, à peine les plongeurs – très excités – ont-ils repris pied à bord qu'il faut déchanter. Ce n'est pas un bimoteur que Walter K... a vu en 1948, mais un monomoteur. Il est formel.

– Un monomoteur avec un gros moteur en étoile, répète-t-il. Le moteur était détaché à quelques mètres en avant de l'appareil, posé sur son hélice. La verrière du pilote était ouverte. Il y avait un trou sur le flanc gauche de l'appareil... Le camion était près de l'avion... à... disons une centaine de mètres...

Les plongeurs se remettent à l'eau. Le soir descend. Il faut rentrer à Macinaggio et regonfler les bouteilles.

C'est à Macinaggio que va se produire l'incident. Toute l'équipe est attablée à la terrasse d'un café. Soudain, Walter K... a un haut-le-corps, saisit un journal qui traîne sur la table et se cache derrière.

– Que se passe-t-il? lui demande Quidor.

Le docteur D... traduit la réponse.

1. Bombardier moyen standard sur le front méditerranéen. Envergure 21 m. Longueur : 16 m. Vitesse max : 450 km/h à 4 500 m. Distance franchissable : 2 450 km à 375 km/h. Armement : 14 mitrailleuses de 12,7. 1800 kg de bombes. Certaines versions d'attaque au sol avaient un canon frontal de 75. Celui qui gît devant Meria a percuté la mer et son avant a été détruit. L'épave a, par ailleurs, été pillée.

– La voiture qui vient de passer devant nous, la voiture jaune.

– Eh bien?

– Celle qui est arrêtée là-bas, un peu plus loin... j'ai reconnu le conducteur. C'est Klaus K...!

– Mais qui est Klaus K...?

Et c'est là que Daniel Quidor va apprendre un détail qu'il ignorait, bien qu'il soit de la plus haute importance :

– Après l'échec de l'expédition d'Ed Link, en 1963, Gert Fäller n'a pas abandonné, lui explique Walter K... Il est entré en relation avec un industriel allemand, Klaus K..., passionné de plongée, et une autre expédition a eu lieu devant le Golo en 1965...

Que s'est-il passé pendant cette expédition? Walter K... ne le sait pas très exactement, ou plutôt refuse de le dire. Il laisse simplement entendre que le camion du sud aurait été retrouvé. Gert Fäller lui aurait affirmé qu'il ne contenait rien de très intéressant, essentiellement des billets de banque démonétisés et des toiles totalement abîmées par l'eau de mer. En somme, des objets sans aucune valeur. Il y aurait eu d'âpres discussions et les relations entre Walter K... et Klaus K... seraient devenues franchement mauvaises.

Pour Walter K..., il ne fait aucun doute que si Klaus K... est à Macinaggio, c'est qu'il cherche maintenant le camion du nord pour son propre compte.

Cette présence semble le traumatiser profondément. Il a peur et, à partir de ce jour, ne quittera pratiquement plus le *Lion de mer*.

Les recherches reprennent. Elles vont être interrompues trois jours plus tard par un incident : un matin, Walter K... ne peut plus se lever. Allongé sur sa couchette, il transpire, tremble et délire. Après l'avoir ausculté longuement, le docteur D... donne son verdict.

Il faut l'hospitaliser d'urgence pour lui faire une transfusion sanguine.

C'est la fin de l'expédition.

La suivante va avoir lieu en 1981. Walter K... n'y participe pas – encore que le contrat signé avec Quidor et Dumas reste valable – car il a eu une alerte assez chaude.

Tout avait pourtant commencé le mieux du monde, ce samedi de septembre 1980. Walter K.... est seul chez lui. Il range des papiers et règle quelques factures restées en souffrance. Un coup de sonnette retentit. Il va ouvrir et... reste bouche bée : une créature ravageuse, blond platine et maquillée à outrance, est sur le palier.

– *Herr K...* ?

– C'est moi.

Walter K..., pris dans les effluves d'un Chanel N° 5, s'efface pour la laisser entrer, puis la dirige vers le salon. Elle s'enfonce dans un fauteuil, découvrant très haut deux jambes parfaites :

– Mon nom, d'abord : je suis Erika P...; l... l'objet de ma visite, ensuite : des amis français aimeraient beaucoup vous rencontrer...

Walter K... a un geste de recul. La blonde l'apaise d'un geste :

– Vous n'avez rien à craindre. Ce sont des gens qui ont une position tout à fait officielle en France. Disons qu'ils aimeraient vous recevoir – à leur frais – pour discuter. Pouvez-vous vous libérer pendant deux jours pour faire un saut à Paris ?

Walter hésite.

– Je vous assure qu'il n'y a aucun risque pour vous, insiste la blonde.

Walter hésite toujours.

– J'ajoute qu'ils m'ont demandé de vous accompagner, susurre la blonde beauté... Le seul ennui est qu'il y a en ce moment à Paris une réunion internationale et je n'ai pu retenir qu'une chambre d'hôtel pour nous deux. J'espère que cela ne vous ennuie pas trop...

Walter est vaincu...

– A Paris, poursuit Daniel Quidor, Walter K... s'est arrangé pour me voir. Il sortait d'une entrevue avec deux inspecteurs des Renseignements Généraux dont il m'a donné les noms. J'ai tout vérifié. Tout était exact. Après une conversation à bâtons rompus, les deux inspecteurs sont entrés dans le vif du sujet. Leur message, parfaitement courtois, tenait en peu de mots : nous ne perdons pas de vue l'affaire du trésor immergé au large de la Corse. Si vous avez là-dessus des renseignements complémentaires permettant de localiser précisément les caisses, nous aimerions que vous nous les donniez. Si vous préférez les garder pour vous, libre à vous. Mais un conseil : arrêtez les recherches. Nous connaissons très bien ce trésor et il n'est pas question qu'il tombe entre des mains autres qu'officielles... Réfléchissez...

» Et ils l'ont laissé repartir. Walter m'a demandé ce qu'il devait faire. Je lui ai conseillé de rentrer en Allemagne, de faire le mort et de me laisser opérer. Voilà pourquoi il n'est pas venu avec nous en 1981. Entre-temps, j'avais obtenu quelques renseignements sur cette Erika et appris qu'elle avait eu une vie très tumultueuse...

Cette campagne de l'été 1981 va être décevante. Dumas et Quidor ont loué un gros chalutier, le *Mont St Jean*, et l'ont équipé d'un sonar latéral. C'est un appareil qui détecte les formes émergeant sur le fond de la mer. Mais ceci, sans beaucoup de puissance ni de sensibilité. Autrement dit, il faut passer assez près d'une grosse épave pour que l'appareil réagisse de façon significative. Un camion, ou même un avion monomoteur, n'est pas un objectif suffisamment gros, sauf si le sonar passe à quelques mètres.

Cette campagne ne va pourtant pas être totalement négative, loin de là. Daniel Quidor, en effet, fait à Macinaggio la connaissance d'Alain Bataillé, un corailleur qui plonge toute l'année ou presque à la recherche du corail rouge. Il connaît donc bien les fonds sous-marins de la région. En outre, comme tous les corailleurs – ils ne sont guère plus d'une dizaine en France – il s'intéresse à tout ce qui est épave.

Or, en ce qui concerne les épaves, Alain Bataillé fait part à Daniel Quidor de deux découvertes troublantes...

Alain Bataillé ne plonge plus aujourd'hui, après un accident de décompression qui l'a laissé paralysé pendant plusieurs semaines. Il partage son temps entre l'Amérique du Sud, l'hiver, et la Côte d'Azur en été, où il commande le *Delta*, une luxueuse vedette de croisière.

Le *Delta*, en ce mois de mai 1990, est amarré dans le port public de Cannes. Alain Bataillé est seul à bord avec Max, son matelot et ami. Ils préparent activement la saison tandis que, sur le quai, coule la foule cosmopolite d'un festival quelconque.

Poignée de mains, invitation à monter à bord, les présentations sont rapidement faites. Le salon du *Delta*, avec ses canapés et ses meubles blancs, ses cloisons ocres agrémentées de gravures de marine, est tout aussi accueillant que le « skipper ».

Max prépare un café dans la cuisine attenante tandis qu'Alain Bataillé entreprend de raconter ces deux plongées dont le récit avait, quelques années plus tôt, tant intéressé Daniel Quidor :

– Je vivais à l'époque à Macinaggio, au nord du cap Corse, où je plongeais au corail. Bien sûr, j'étais ami avec tous les pêcheurs du port. C'est ainsi qu'un jour le patron d'un chalutier est venu me demander un service. Il avait, la nuit précédente, à huit nautiques au large, accroché son chalut au fond. Il avait bien entendu effectué toutes les manœuvres classiques pour essayer de le décrocher, mais sans résultat. Il avait donc frappé une bouée sur le câble de remorque et l'avait coupé.

» Il venait me demander de plonger pour dégager son chalut.

» Nous avons appareillé à 10 heures du matin et, une heure plus tard, nous étions sur le site marqué par la bouée frappée sur le câble...

Alain Bataillé plonge « au mélange », c'est-à-dire à l'air enrichi d'hélium. A 80 mètres, il peut rester quinze minutes au fond. Ensuite, il a environ trois quarts d'heure de palier à six et trois mètres, durant lesquels il respire de l'oxygène.

– Je me suis mis à l'eau après avoir bien expliqué au pêcheur qu'il devait attendre la fin de mon palier avant de virer au treuil pour remonter son chalut. Je suis descendu en suivant le câble maintenu par la bouée. L'eau n'était pas très claire et je suis assez rapidement passé du « grand bleu » au gris de plus en plus sombre. Je n'ai vu le chalut que quand je suis arrivé le nez dessus. Il avait croché dans ce qui m'avait semblé à première vue être un ponton. J'ai commencé à le dégager méthodiquement. Le fond de la mer était plat, sableux, avec des plaques de posidonies. Au bout d'un quart d'heure, je ne l'avais dégagé qu'aux deux tiers. Je suis remonté.

» Nous sommes restés sur place et j'ai fait une seconde plongée dans l'après-midi. J'avais pris un parachute à air avec moi et convenu avec le pêcheur – pour gagner du temps – qu'une fois le chalut dégagé, je m'écarterais de la zone et expédierais mon parachute en surface.

» Il pourrait alors virer au treuil et récupérer son chalut sans attendre que j'ai fait mes paliers.

» En arrivant au fond, je me suis aperçu qu'il ne restait plus grand-chose à faire. Deux minutes plus tard, je pouvais m'écarter et expédier mon parachute.

» J'ai vu aussitôt le câble se tendre et le chalut se dégager et remonter en arrachant des morceaux de ferraille. Comme il me restait une bonne dizaine de minutes d'air, j'ai attendu que l'eau redevienne claire et me suis approché de l'épave. Ce n'était pas un ponton, mais un camion qui gisait au fond, les roues en l'air. On voyait très bien la masse du moteur, le châssis, les deux ponts et les roues, simple à l'avant et jumelées à l'arrière.

» J'ai d'abord fait le tour du camion et noté machinalement un détail : à l'avant du moteur, il y avait une manivelle avec un système de démultiplication sous coquille. Je suis ensuite passé sous la partie arrière du châssis, qui était légèrement décollée du sol par ce qui restait des arceaux, et j'ai vu dans la vase des dizaines de verres évasés que j'ai cru être des verres à moutarde. Il y avait aussi quelques paires de brodequins. Bref, rien de très intéressant. J'arrivais en fin de plongée et je n'ai pas pensé à faire une exploration un peu plus large autour du camion...

– A quelle profondeur étiez-vous exactement?

– A soixante-seize mètres.

Soixante-seize mètres, c'est très exactement la profondeur indiquée par la carte de Fleig. Le camion, en outre, est très certainement un camion Lancia de type R.O. puisque ce modèle était le seul équipé d'une manivelle à démultiplication. Quant aux « verres à moutarde » vus par Alain Bataillé, c'était tout simplement la sauce tomate qui accompagnait les spaghetti dans les rations militaires italiennes.

Voici donc un camion militaire italien Lancia gisant les roues en l'air au fond de la mer, au large du cap Corse.

Mais est-ce celui du colonel Dahl? Si oui, il faut alors admettre que Fleig a menti lorsqu'il a déclaré l'avoir vu en 1948, car son matériel ne lui aurait en aucun cas permis de descendre à cette profondeur. En outre, il se trouve très loin de la zone indiquée par Dahl. Certes, ce dernier n'a très probablement pas indiqué le véritable endroit où le camion est tombé dans l'eau, mais la zone doit être exacte. Or, là, il y a quinze nautiques de différence.

Que faire? Daniel Quidor et Jacques Dumas, après avoir entendu le récit d'Alain Bataillé en cet été 1981, réfléchissent. D'un côté, il y a une enquête de plusieurs années aboutissant à un schéma enfin cohérent : un camion à proximité d'un avion par trente-cinq mètres de fond. De l'autre, cette épave, indiscutablement de la même époque, mais située beaucoup plus loin au large, à un endroit d'où il était pratiquement impossible de prendre des points de repère précis.

Ils arrivent donc à la conclusion qu'il faut poursuivre dans la voie qu'ils ont choisie. Et bien leur en prend car, quelques jours plus tard, au hasard d'une conversation à bâtons rompus sur les épaves, Alain Bataillé leur dit incidemment qu'il a vu un jour, au cours d'une plongée à faible profondeur pour récupérer une ancre perdue par un ami, un avion.

Oui, un monomoteur de chasse. Posé sur le fond, dans un état presque parfait. Où exactement? Voyons... c'était beaucoup plus au sud... ça devrait être dans la région du sémaphore de Sagro... oui, c'était quelque part par là... « Vous savez, pour nous, les avions c'est une curiosité, sans plus. De toute façon, il y en a plusieurs le long de la côte. Surtout vers Solenzara. Si ça vous intéresse, je pourrais vous en indiquer... Il y a même, juste devant la jetée du port de Bastia, un Heinkel 111... »

– Est-ce qu'il avait son moteur? demande Jacques Dumas.

Alain Bataillé fronce les sourcils :

– Non. Dans mes souvenirs, il n'y avait pas de moteur... en tout cas pas d'hélice. Je m'en souviens parce que je l'ai regretté : je l'aurais récupérée... c'est un joli souvenir...

– Et vous ne voyez vraiment pas où il peut être?

Alain Bataillé hausse les épaules :

– Non, vraiment pas, et je ne pense pas que quelqu'un d'autre le connaisse, car je n'en avais jamais entendu parler avant de tomber dessus, et personne à ma connaissance ne l'a retrouvé. Je l'aurais su car le monde des plongeurs professionnels est tout petit...

C'est vrai, c'est un tout petit monde. Et c'est bien pourquoi, deux ans plus tard, en vacances en Corse, Daniel Quidor va faire un grand pas en avant.

22

Quidor est chez Michel Carrega, à Miomo. Au programme : soleil, plongées et siestes. A vrai dire, installés autour de la grande table de bois située sur la terrasse, sous une tonnelle de vigne, ils sont fort occupés à faire une énorme entorse à ce programme grâce à un gigantesque plat de spaghetti aux fruits de mer, une des multiples spécialités culinaires de Mme Carrega.

L'atmosphère est à l'euphorie béate. Soudain, Mich
Carrega regarde sa montre :

– Ah ! C'est l'heure... J'ai la gendarmerie de Basti
vient s'entraîner au stand, cet après-midi, expliqu
Daniel Quidor. Viens avec moi, tu pourras faire
cartons.

Le stand privé de Michel Carrega est à une t
mètres en contrebas. On y accède en descenda
rasse par un escalier de pierre pris dans la
soutènement. Il est précédé d'une salle de r
aussi de « club house » et où sont exposés
multiples trophées de notre champion d

Une quinzaine de gendarmes sont d
mains à la ronde, puis Michel Carrega
à ses élèves les principes de l'entraîn

Quidor écoute d'une oreille distraite tout en faisant le tour de la pièce. Tiens, voilà qui est curieux ! Un bloc de rouille de forme oblongue, posé sur une étagère, a attiré son regard. Il a visiblement séjourné longtemps au fond de la mer car il est recouvert de concrétions. La forme générale évoque un bloc culasse de mitrailleuse.

Les gendarmes gagnent maintenant un à un le pas de tir.

– Tu viens, Daniel ? demande Michel Carrega en tendant un casque antibruit.

– Oui, mais où as-tu trouvé ça ?

– Le bloc de rouille, là ? Au fond de la mer, à côté d'un avion. C'était une de ses mitrailleuses qui s'est détachée lorsque l'appareil a percuté la mer...

– Quel type d'avion ?

– Un Thunderbolt P 47. Un chasseur-bombardier de la dernière guerre...

– Mais où se trouve-t-il ?

Michel Carrega fait un geste vague de la main :

– Mon vieux, je ne m'en souviens plus du tout. Grosso modo, ça devait être entre Miomo et « la Cascade ». Plutôt du côté de la Cascade, me semble-t-il.

– Et à quelle profondeur ?

– Ça, en revanche je peux te le dire : moins de 30 mètres car, quand je l'ai trouvé, je plongeais en apnée pour chasser...

Entre Miomo et la Cascade, cela représente plusieurs millions de mètres carrés à explorer par 30 à 40 mètres de fonds. Un travail de Romain ! Daniel Quidor n'est pas équipé pour le faire, mais il connaît quelqu'un à qui ce genre d'exploit ne fait pas peur.

Jean-Pierre Joncheray.

ean-Pierre Joncheray, que tous les habitués du fond de la connaissent bien, a une passion dans sa vie : les épaves. ussi un don fantastique pour les trouver. Ce pharmacien de la Côte d'Azur, correspondant du CNRS et de l'Ifremer, opère avec des moyens qui, utilisés par tout autre, paraîtraient ridicules. Il n'a en effet ni magnétomètre, ni sonar, ni même sondeur enregistreur. C'est avec un tout petit bateau – baptisé *La Pilule* bien sûr – et un simple sondeur à éclat qu'il « lit » les fonds marins à livre ouvert.

Daniel Quidor le rencontre à Paris, au Salon nautique, et lui expose le problème.

– Je peux aller l'été prochain en Corse, dans cette région, lui répond-il. Je prospecterai par là et je te tiendrai au courant...

De fait, en septembre 1986, il appelle Daniel Quidor par téléphone :

– J'ai trouvé ton avion. Il est par 27 mètres de fond dans le 286 du cimetière de Miomo.

– Comment se présente-t-il?

– Il repose à plat sur le sable, verrière ouverte, en parfait état à part un impact d'obus sur le flanc gauche. C'est un Thunderbolt.

– Et le moteur?

– Pas de moteur. Il a visiblement été arraché de son bâti et je n'ai pas pu le trouver... j'ai exploré dans un rayon d'une quarantaine de mètres alentour, mais il n'y a rien...

Daniel Quidor reste songeur. L'appareil correspond en tout point à la description donnée par Fleig, sauf que le moteur devrait se trouver à quelques mètres en avant de la carlingue. Il s'agit d'un Pratt et Whitney de 18 cylindres et 2 000 chevaux accouplé à une hélice quadripale de quatre mètres de diamètre. Ça ne passe pas inaperçu et ça ne disparaît pas comme cela! Est-ce encore une fausse piste?

La réponse à cette question va demander trois ans. Trois ans durant lesquels Daniel Quidor va vivre d'autres aventures, beaucoup plus « archéologiques ». C'est en juillet 1990 qu'il revient enfin en Corse avec des amis qui ont un bateau et pratiquent la plongée sous-marine pendant leurs vacances. Leur itinéraire passe par Bastia et, après leur avoir raconté sa longue enquête, il leur a proposé de rechercher ce fameux avion afin d'avoir le cœur net.

Juillet 1990. Le *Sea Leopard*, ketch de 15 mètres à moteur Gardner de 150 chevaux, se balance mollement dans la légère houle qui vient mourir, à quelques dizaines de mètres de là, sur le sable mélangé de galets de la plage de Miomo, au cœur d'un paysage de carte postale. La brume du matin ombre de gris le bleu de la mer dans laquelle le soleil de cette fin de matinée met une traînée de plomb fondu. Le bateau est à l'ancre au milieu d'un cirque de collines vertes enfermé dans la ligne dentelée des montagnes du cap Corse, et son équipage a gagné la terre ferme.

Un équipage déçu. La veille, Daniel Quidor, après des heures de recherche, a trouvé l'avion. Il est bien tel que l'a décrit Jean-Pierre Joncheray : posé sur le sable, la verrière tirée en arrière. Un examen attentif effectué en compagnie de Michel Carrega qui s'est joint à l'expédition, a permis de reconstituer à peu près comment il s'est retrouvé là. D'abord, il y a cet impact sur le côté gauche de la carlingue, un peu en arrière du cokpit, qui montre qu'il a été touché par un obus de la DCA.

Cela, alors qu'il attaquait un objectif situé au sol – à terre ou en mer – car ses volets d'extrados sont encore sortis : le pilote avait réduit sa vitesse pour fignoler sa visée. Enfin, il ne s'est pas posé sur la mer, mais l'a percutée, car le moteur – qui manque – n'a pu qu'être arraché sous la violence de l'impact.

Tout correspond, sauf ce fameux moteur.

Daniel Quidor, Michel Carrega et Paul Léandri, un avocat de Paris à qui appartient le *Sea Leopard*, sont pour l'heure attablés sous la tonnelle de Joseph, qui tient à Miomo le restaurant Les deux Parisiennes. Joseph, invariablement vêtu en été d'un short vaste comme un empire soutenu par d'étonnantes bretelles multicolores, est une figure de Miomo, où il a passé toute sa vie.

Comme c'est aussi le beau-frère de Michel Carrega, il s'est joint à la compagnie et, bouteille de pastis d'une main, pichet d'eau glacée de l'autre, sourcils froncés, procède à la délicate alchimie de l'apéritif.

– D'après ce que j'ai pu savoir, explique Michel Carrega, le pilote de l'avion a été sauvé par un pêcheur de Miomo qui était en mer au moment où il a percuté. Il s'agissait, selon les vieux du village, d'un lieutenant-colonel américain du nom d'Anderson, ou quelque chose d'approchant. Le pêcheur l'a sorti de l'eau, l'a ramené à terre et l'a caché jusqu'à ce que la région soit libérée.

– Personne ne se souvient de la date? demande Daniel Quidor.

– Non. Tu sais, Daniel, il s'est passé beaucoup de choses, à l'époque. Ça n'en faisait qu'une de plus. Il y a pourtant de fortes chances pour que cela se soit passé en septembre 1943.

– Oui, mais cela ne nous avance pas beaucoup car ce n'est pas l'avion que je cherche. Celui qui m'intéresse a son moteur juste devant... s'il existe...

Goutte à goutte, Joseph dose le dernier pastis. Il a les yeux fixés sur les méandres ambrés que dessine l'eau dans l'alcool.

– Vous cherchez un moteur?... J'en connais un, moi, de moteur...

Joseph a le sens inné du suspense. Il a senti que tous les yeux se tournaient vers lui. Il marque un temps d'arrêt avant de reprendre :

– Comme je fais la meilleure cuisine de Corse, forcément, tous les plongeurs viennent manger chez moi... et ils parlent... des fois, ils parlent de moteur... vous avez un avion sans moteur... moi, je connais un moteur sans avion...

De nouveau, il se tait, le regard bleu faussement candide.

– Mais parle, bon sang!

– Parler, parler, vous ne faites que ça et pendant ce temps, le pastis se languit. A la vôtre...

Tout le monde lève son verre et Joseph accepte enfin de parler.

L'avion n'est plus à sa place initiale. Quelques années plus tôt, un groupe de plongeurs de Porto-Vecchio a tenté de le récupérer et a dû abandonner après l'avoir déplacé d'une bonne centaine de mètres. Ils n'ont en revanche pas touché au moteur, trop enfoncé dans le sable. Et voilà pourquoi l'avion et son moteur ne sont plus aujourd'hui ensemble. Le moteur est entre 100 et 150 mètres plus au large...

Dès le lendemain matin, bouteilles et moral regonflés à bloc, l'équipe est de nouveau à pied d'œuvre; la bouée de repérage qui avait été fixée auprès de l'avion est déplacée d'une centaine de mètres vers le large, par un fond de 35 mètres. Daniel Quidor, Michel Carrega et Didier Léandri (le « chef plongeur » du *Sea Leopard*) se mettent à l'eau. En dix minutes à peine, Daniel Quidor repère le moteur, en marque l'emplacement et inspecte longuement le site.

Quand il reprend enfin pied sur la plage arrière du *Sea Leopard*, il sourit derrière son masque :

– Je crois que c'est bien cela... Le moteur repose sur son hélice. En 1948, on devait très bien la voir. Aujourd'hui, elle est enfoncée dans le sable et on distingue juste l'extrémité d'une pale tordue qui émerge. Le moteur est pratiquement intact, mais ses pattes de fixation se sont arrachées du bâti au moment de l'impact [1]... On peut aussi très bien déterminer la place où se trouvait l'avion avant qu'il ne soit déplacé, car un des volets est resté sur place. L'appareil se trouvait dans la position exacte décrite par Fleig : posé à quelques mètres en arrière du moteur...

» En outre, la profondeur est bien celle qu'il m'a indiquée : très exactement 35 mètres...

18 h 30. Les bouteilles de plongée ont été regonflées sur le chemin du retour et le *Sea Leopard* a retrouvé son poste

1. Le moteur a été remonté quelques jours plus tard par Alain Julien et Michel Carrega. Il est aujourd'hui au musée de Bastia après avoir été remis en état par les élèves du lycée d'enseignement professionnel.

d'amarrage dans le tout nouveau port de plaisance de Bastia. Tout le monde est réuni dans le carré. Daniel Quidor fait le point :

– Nous avons retrouvé le premier élément matériel confirmant les déclarations de Fleig. Il n'a donc pas inventé l'existence de cet avion, puisqu'il me l'a décrit en tous points. Cela veut dire qu'il l'a bien vu en 1948. Autrement dit, qu'il a bien plongé à cet endroit il y a quarante-deux ans. C'est important car, s'il avait tout inventé, je ne pense pas qu'il aurait pris la peine d'aller prospecter pour son propre compte durant les fins de semaine.

» C'est le premier point.

» Second point : il n'est pas tombé sur cet avion tout à fait par hasard. Certes, la carte qu'il m'a montrée, recopiée sur celle du colonel Dahl, est totalement fausse. Mais il possédait, lui, un élément exact qui a dû être lâché, volontairement ou non, au cours de l'interrogatoire de septembre 1943, à La Spezia : la profondeur à laquelle se trouve le camion.

» Si l'on admet que le colonel Dahl a tenté – avec les maigres moyens qu'il avait – de le récupérer, on peut penser qu'il avait commencé par sonder la zone avec précision. C'est d'ailleurs pour que personne ne voie cette zone qu'il avait fait vider la route de corniche et obligé les habitants de la région à rester enfermés chez eux.

» En 1948, Walter K... dit Fleig possédait donc deux éléments : le camion était au nord de Bastia dans un fond de 35 mètres. Il lui fallait donc, en partant d'un point situé au nord de Bastia, suivre au fond la ligne des 35 mètres. Avec une bonne carte marine, et du temps, c'était faisable.

» Il a donc vu l'avion.

» Mais a-t-il vu le camion? Il a parfaitement pu, en effet, partir d'un détail vrai – l'avion – et inventer tout le reste. Pourquoi? Pour se rendre intéressant aux yeux de quelqu'un. Mettons une femme. L'argument est vrai pour 1948. Il l'est déjà moins pour les années 1976-1980, quand je l'ai rencontré à de multiples reprises. Mais admettons qu'il m'ait menti. Ç'aurait été la première fois car, si on analyse ses différentes déclarations, on s'aperçoit qu'il a toujours dit la vérité sur les points importants. Simplement, il n'a jamais dit toute la vérité. Et bien lui en a pris car cela aurait mal tourné pour lui.

» Je crois donc qu'il a vraiment vu le camion. Il m'a en effet donné une description de sa vision de 1948 qu'il n'a pas pu inventer. D'abord, il a placé le camion dans une position totalement illogique : renversé les roues en l'air. A priori, le centre de gravité d'un camion se situe au niveau du chassis. S'il tombe à l'eau, il doit descendre les roues les premières et reposer à plat sur les roues au fond.

» Mais pas un camion de type Lancia R.O. puisque celui qu'a vu Alain Bataillé par 76 mètres de fond était lui aussi roues en l'air.

» Et d'un. Ensuite, il m'a dit que l'aspect de l'eau l'avait étonné : elle était à la fois striée et brouillée. Il n'avait aucune idée de la cause du phénomène. Moi, si : il y avait là une source sous-marine. J'en ai vu un certain nombre au cours de mes plongées et j'ai chaque fois noté cette particularité : l'eau douce, qui n'a ni la même température, ni la même composition que l'eau de mer, met un certain temps à se diluer. Elle forme donc des strates de densité différente qui donnent un effet de rayures.

» Il a enfin vu les caisses éparses *à côté* du camion. Là encore, c'est à la fois surprenant et néanmoins logique : la densité des caisses – 600 kilos pour 1 m 20 × 40 × 40 – est infiniment supérieure à celle du camion. Elles ont donc coulé à pic alors que le camion, par un phénomène classique d'hydrodynamique, a coulé « en feuille morte ». Certes, sur 35 mètres de chute, la dispersion ne pouvait pas être très grande, mais suffisante en tous cas pour que les caisses se retrouvent à quelques mètres du camion.

» Je pense donc que s'il avait tout inventé, il m'aurait parlé d'un camion reposant sur ses roues avec les caisses encore sur le plateau.

» Voilà pourquoi je crois qu'il a vraiment vu le trésor en 1948...

La démonstration de Daniel Quidor est lumineuse, mais elle pose autant de problèmes qu'elle en résout. Un scaphandrier – surtout s'il ne respecte aucun temps de plongée comme c'était le cas de Fleig en 1948 – peut parcourir de grandes distances au fond de la mer. Plusieurs centaines de mètres, en tous cas. Lorsqu'il dit que le camion n'était pas très loin de l'avion, cela peut signifier n'importe quoi entre cent et quatre ou cinq cents mètres. Et dans n'importe quelle direction. Bref, la « zone possible » est gigantesque, d'après la carte des fonds marins.

Il faut ajouter à cela que quarante-deux ans se sont écoulés depuis qu'il a vu le camion. En quarante-deux ans, il se passe beaucoup de choses sur un fond de sable pulvérulent. Camion et caisses ont dû s'enfoncer peu à peu. Les caisses ont très certainement totalement disparu et il ne doit rester du camion que la forme très vague des roues bosselant le sable.

L'évidence est là : la réussite d'une exploration visuelle ne peut que reposer sur la chance. Et même sur une chance folle...

– Il faudrait un matériel énorme, que personne ne peut réunir, conclut enfin Michel Carrega. Au fond, je crois que si quelqu'un retrouve un jour le trésor, ce ne sera pas un chercheur. Ce sera un chasseur sous-marin ou un scaphandrier amateur qui, par le plus grand des hasards, descendra pile dessus...

Et chacun, dans le carré, se met à rêver à cette descente dans le grand bleu. Un dernier regard à l'argent mouvant de la surface, taché par la carène du bateau, puis la lente glissade vers le silence. Les mètres gagnés à coup de palmes. Six mètres. Équilibrage des oreilles. Dix mètres. Le bleu intense traversé de rais de lumière. Gazouillis des bulles. Vingt mètres. Des ombres naissent. Trente mètres. Une plaine lunaire se dessine. Au centre, une ferraille tordue et concrétionnée.

Le trésor de Rommel

Décembre 1990. Un brouillard diffus traîne le long des prairies qui bordent la petite ville de L..., en Allemagne. Une silhouette solitaire, engoncée dans une canadienne, franchit un petit pont de pierre qui enjambe un ruisseau et se dirige à grands pas vers un immeuble de cinq étages un peu incongru dans ce paysage presque campagnard.

Walter K..., ex-Walter Fleig, dit Peter Fleig, rentre chez lui, perdu dans ses pensées. Il habite un petit appartement au rez-de-chaussée, simple et propre. De son salon – canapé et fauteuils de tapisserie, papier à fleurs au mur et meubles vernis – il voit les prairies et les bois. Dans son secrétaire à abattants, à côté des factures d'électricité, de téléphone ou d'assurances, il conserve un gros dossier qu'il n'ouvre pratiquement jamais. Il y a là toute l'histoire d'un rêve. Un rêve doré par tous ces trésors de l'Abyssinie mystérieuse, qu'il a aperçus, un jour, par trente-cinq mètres de fond, et qu'il n'a jamais pu retrouver.

Il est retraité des Travaux publics. Il vieillit lentement, jour après jour, auprès de sa femme. Ils ont perdu leur fils, pilote de chasse dans l'aviation militaire allemande, qui s'est tué aux commandes d'un F 104. La vie continue.

Assis face à face, nous parlons du trésor. Son regard bleu s'allume :

– Chérie, dit-il à sa femme, pourrais-tu nous apporter une bouteille de vin du Rhin et des flûtes.

La soirée s'annonce longue et passionnante.

« Chérie », en allemand, se dit « *Schatz* ».

Cela signifie aussi « trésor ».

ÉPILOGUE

Le trésor dit « de Rommel » – le *Feldmarschall* Erwin Rommel n'avait en effet rien à voir avec cette affaire – a bel et bien existé. Il provenait de deux sources : d'une part les pillages effectués par le *Devisenschutzkommando* d'Himmler en Afrique du Nord (Tunisie, Cyrénaïque et Tripolitaine) et d'autres part des richesses du Négus volées par les Italiens en Abyssinie.

Ces deux trésors ont été acheminés séparément jusqu'à Bastia à des dates différentes. Pourquoi Bastia? Pour deux raisons. D'abord parce que la Corse était à l'époque loin du théâtre principal des opérations. Ensuite, parce qu'une île offre plus de garanties : une attaque surprise y est moins facile à réaliser que sur le continent.

Quand la situation a commencé à basculer en Corse, il a fallu déménager plus rapidement que prévu les deux trésors. C'était la mission du Dahl et Schmidt. Ils n'avaient pour cela que des ordres verbaux. Il n'était pas question pour les responsables de ce genre d'opération de laisser traîner des documents non seulement compromettants, mais susceptibles d'allumer des convoitises.

Dahl et Schmidt se sont adjoint Peter Fleig, qui a visiblement lors de son interrogatoire tenté de minimiser son rôle en se faisant passer pour un simple scaphandrier réquisitionné. Son rôle était plus important : il devait organiser toute la partie matérielle de l'opération.

Les deux trésors ont donc été rassemblés en hâte et conditionnés pour leur transport. C'est là que les choses ont cafouillé. Pour deux raisons : d'une part, Fleig avait mal calculé son affaire et, avec deux camions, surchargé la barge; d'autre part, la présence de navires alliés compliquait sérieusement les choses.

Volontairement pour l'un, accidentellement pour l'autre, les deux camions se retrouvent à l'eau. L'arrestation de Dahl, Schmidt et Fleig à La Spezia est tout à fait dans la logique du règlement des armées allemandes en campagne. La Feldgendarmerie ne plaisantait pas avec les soldats – fussent-ils gradés – incapables de justifier leur position par des ordres écrits ou une confirmation orale de leur chef.

Leur affaire était grave, mais ils l'ont aggravée encore en révélant au tribunal militaire quelle était leur mission. C'était un secret d'État et les services d'Himmler à Berlin ne pouvaient en aucun cas les « couvrir ». Leurs affirmations n'ont donc pas été confirmées par Berlin et ils ont été fusillés.

Le *Feldwebel* Walter K... a alors subtilisé dans le dossier un certain nombre de papiers et pensé qu'il était désormais le seul à savoir où était le trésor.

C'est là un des grands classiques des histoires de trésor : il se présente toujours quelqu'un qui prétend être le dernier survivant détenteur du secret. Ce n'est jamais vrai.

Ferrazi lui aussi affirmait en toute bonne foi être le seul à savoir où se trouvait l'or du Négus...

Dans le cas de Walter K..., bien des gens pouvaient être au courant. D'abord, il n'est dit nulle part que les marins qui menaient la barge aient été inquiétés. Certes, ils ignoraient ce que transportaient les camions, mais beaucoup de détails – ne serait-ce que le luxe de précautions prises – pouvaient leur mettre la puce à l'oreille.

Ensuite, quand Dahl, Schmidt et Fleig ont tenté de repêcher le camion du nord, ils ont opéré sous les yeux d'au moins un bataillon allemand.

Là encore, il y a bien eu des soldats pour se poser des questions...

Walter K... alias Fleig est venu à Bastia en 1948. Aussi vite, donc, qu'il était possible à un Allemand de le faire. Il a vu le camion, mais n'a pas été en mesure de récupérer son chargement, ni ensuite de le retrouver.

Mais qui peut dire qu'en quarante-deux ans, aucun des multiples témoins possibles de l'affaire n'est revenu sur place ?

« Chaque fois que j'ai eu l'occasion de suivre la piste d'un trésor de guerre sérieux, écrivait Anthony Terry à Daniel Quidor le 2 novembre 1981, cela a toujours été pour m'apercevoir, en touchant au but, que quelqu'un d'autre était passé avant moi... Quelqu'un qui est sans doute aujourd'hui directeur général de Mercedes ou Bayer dans une quelconque République d'Amérique du Sud... »

« Je ne crois plus aux trésors, ajoutait-il. Pourtant, si vous entreprenez une recherche, passez-moi un coup de téléphone, j'arriverai avec ma pelle pour vous aider à creuser !... »

TABLE

Cet ouvrage a été réalisé par la
SOCIÉTÉ NOUVELLE FIRMIN-DIDOT
Mesnil-sur-l'Estrée
pour le compte des Éditions Grasset
en avril 1991

Imprimé en France
Dépôt légal : avril 1991
N° d'édition : 8492 – N° d'impression : 17537
ISBN : 2-246-44141-2